悦读 穿越历史 中国智慧

文溪 著

陕西新华出版
未来出版社

图书在版编目（CIP）数据

穿越历史悦读中国智慧 / 文溪著. -- 西安：未来出版社，2023.6
（好玩的国学）
ISBN 978-7-5417-7198-9

Ⅰ.①穿… Ⅱ.①文… Ⅲ.①先秦哲学–青少年读物 Ⅳ.① B22-49

中国版本图书馆 CIP 数据核字 (2021) 第 096191 号

穿越历史悦读中国智慧
CHUANYUE LISHI YUEDU ZHONGGUO ZHIHUI

出品人	李桂珍	选题策划	马　鑫
文字统筹	高　安	责任编辑	马　鑫　何华岐
技术监制	宋宏伟	发行总监	何华岐
出版发行	未来出版社（西安市登高路 1388 号）		
印　　刷	西安建明工贸有限责任公司		
开　　本	880mm×1230mm　　1/32		
印　　张	8.375		
字　　数	165 千字		
版　　次	2023 年 6 月第 1 版		
印　　次	2023 年 6 月第 1 次		
书　　号	ISBN 978-7-5417-7198-9		
定　　价	35.00 元		

序

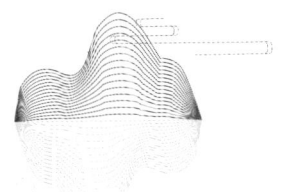

德国哲学家雅思贝尔斯把公元前500年前后的这一时段称之为人类文明的"轴心时代"。在这个时段，古希腊出现了苏格拉底、柏拉图和亚里士多德等哲学巨人，印度出现了佛祖释迦牟尼，中国出现了老子、孔子、孟子、庄子等伟大的思想家。流传至今的《老子》《论语》《墨子》《孟子》《庄子》《韩非子》等先秦典籍，属于中华优秀传统文化的重要组成部分。这些经典固然有其历史的局限性，但对于当代社会而言，它们都具有深远的历史价值和重要的现实意义。在传承古代思想的今天，我们既需要精深的学术研究，也需要通俗的讲解。相对于大学课堂上的高头讲章，面向普通读者的普及性读物尤为难能可贵。

未来出版社的编辑们多年来坚持不懈，致力于弘扬优秀传统文化，《好玩的国学——穿越历史悦读中国智慧》就是其中的一种。该书共有五篇，第一篇是对中国哲学的综论，包括中国哲学史的江湖、中国古代的价值观、中国哲学的生死观、中国人的理想人格、中国古代的命运观等五节，侧重从价值观、生死观、理想人格和命运观等方面论述中国古代哲学特别是先秦哲学的主要特征，从第二篇开始分为超逸的道家、醇厚的儒家、谨严的墨家、冷峻的法家，分别从道家、儒家、墨家和法家四个方面描述了先秦哲学的具体内涵。这本十余万字的书，囊括了中国古代哲学特别是先秦哲学的主要内容，在许多问题上作者都有自己的思考，语言生动，深入浅出，对于普通读者了解先秦哲学，引发进一步的哲学思考居有导航作用。

我对《好玩的国学——穿越历史悦读中国智慧》这个书名，颇感兴趣。这个书名体现了两条信息：第一是写作意图，第二是表述方式。荀子和韩非子都说过，人类天生就有享受耳目之乐的本能，这个本能天然地包含了阅读的快乐。但问题是，大部分谈哲学的书都语言艰深晦涩，离学术很近离生活太远。虽然说哲学就是爱智慧，但真正让读者爱上哲学，却是一件很难的事。我想,这本书之所以起名为"好玩的国学",就是作者想用好玩的内容,好玩的形式,让读者把阅读变成"悦读",从要我读到我要读,从功利的阅读到审美的阅读。让阅读变得好玩,这是作者的期望,看完全部书稿,我觉得作者的这个目标一定会实现。因为这本书很好玩。作者在诸子百家中,只选择了儒家、道家、法家和墨家,虽然不是中国哲学的全部,但很显然这是最贴近青少年读者的部分。因为,儒道法墨四家哲学,说到底都是研究人何以为人的问题。因此,本书重点讲解阐述了儒道法墨的人生观、价值观、生死观、理想人格等,比如,书中说,儒家强调的积极进取的人生精神;道家强调的无为而无不为的人生态度;法家强调的自律乃是最大的自由;墨家强调的利人利己的人生理想等。这种内容的选择,体现了作者的良苦用心,因为他们中任何一点,都能为当代青少年提供心灵滋养。第二点,也是本书最大的亮点,就是构思巧妙语言隽永流畅,很好玩。

比如在本书开篇,就用江湖各大门派来比拟中国诸子百家。把儒家称为练外家功夫的少林派,这很符合儒家入世哲学的特征;把道家称为练内家功夫的武当派,这同样契合道家的出世哲学。称儒家是"知其不可而为之",道家是"知其不可而逃之",佛家是"知其不可而转世之";法家是无论如何都要算计;墨家是无论如何也要爱人利人,这些内容,既形象又通俗易懂,关键是很好玩。此外,作者善于用对比的形式,分析各家思想的不同。比如,作者说"老子爱自然,他的爱很冷静;孔子爱道德,他的爱很现实;墨子爱天下,他的爱很无私。"再比如,"儒家的人生是道德化;道家的人生是自然化;法家的人生是功利化"等,在综合对比中,让读者对中国哲学各家的重点思想一目了然。通观全书,我们会发现,书中随处可见一些意味深长好玩的句子,读起来让人愉悦。比如"在韩非子看来,人间无爱,处处有害;人间没有正义,一切都是算计"等。

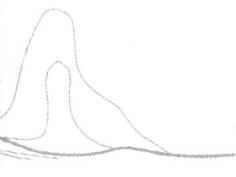

　　文化是一个国家和民族的灵魂,中国古代文化博大精深,影响深远。儒家自强不息的奋斗精神、仁者爱人的精神风范,道家天人合一的哲学思考,及"儒法并用""德刑相辅"的治国理念,对中国人的性格塑造发挥了巨大作用。以老庄思想为例,在今天可能还有一些人把历史上的老庄思想看作消极思想的代名词,也有些人认为老庄思想只是属于两千多年前的精致古董,和现代人的生活没有什么关系。这些看法都值得商榷。庄子对人生冷眼旁观但并不厌世,他对生命的体会与思考前无古人,力透纸背;在人与自然的关系上,庄子对人类发出了善意的提醒;在人与社会的关系上,庄子思想与儒家思想形成了一种互补关系,可以让人们在处理人我关系时张弛有度;在人与自己的关系上,庄子的德论思想甚为深刻,庄子主张以"用心若镜""与物为春"的态度去处世。当然,在发掘庄子思想中历史闪光点的同时,我们也必须要警惕混杂在其中的那些消极成分,例如庄子过分追求个人的精神自由，在一定程度上忽视了集体精神等。其实不仅仅是庄子思想，中国古代文化都是良莠不齐的，需要我们取其精华去其糟粕。例如儒家思想中的孝，与我们今天的精神文明的孝敬长者之间，是有一定的差别的，像郭巨埋儿那样的孝是非人道的伪道德；儒家对待妇女的态度也难以让人恭维。这都是我们在认识古代思想文化过程中必须要直面的问题。

  由于时间关系，对这部书稿谈点儿杂感，不当之处，敬请方家指正。

  是为序。

清华大学人文学院 孙明君

目录

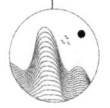

第一篇　中国哲学综合篇

中国哲学史的江湖　/ 001

中国古代的价值观　/ 013

中国哲学的生死观　/ 018

中国人的理想人格　/ 023

中国古代的命运观　/ 027

第二篇　超逸的道家

道家的快乐法则　/ 033

道家的生死观　/ 035

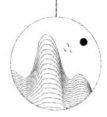

做减法的人生 / 040

道家的人生最高境界 / 042

心静则安 / 046

人生柔道 / 049

道家教你如何做选择 / 053

老子的八大人生智慧 / 056

万事有不平,尔何心自苦 / 059

灵魂的香气 / 064

做快乐的傻子 / 068

去掉心奴 / 074

野孩子和好孩子 / 076

《逍遥游》的四大境界 / 079

三条鱼的人生启示 / 081

木鸡、虚舟、养鸟的哲学 / 085

猴子炫技的悲剧 / 089

影子中的人生 / 090

忘形与忘情 / 094

人生宛如一场游戏 / 099

庄子的命运观 / 101

身体无疾病,灵魂无困扰 / 105

忘物、忘人与忘我 / 108

无心无情才可逍遥 / 112

儒道人生哲学的不同 / 116

第三篇　醇厚的儒家

儒家文化的力量 / 121

《论语》的人生启示 / 123

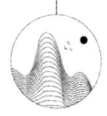

《论语》中的三种快乐 / 128

拼到感动自己 / 132

儒家的生死观 / 137

儒家如何塑造我们的心灵 / 142

交友的八大智慧 / 145

不做烂好人 / 148

驾驭情绪 / 152

"中庸之道"的大智慧 / 156

五种修身立德之道 / 160

假如生活欺骗了你 / 163

心学的力量 / 168

如何战胜心中贼 / 172

王阳明的"龙场顿悟" / 175

孔子为何大骂宰予 / 179

如何做慈善 / 184

孔子为何反对"言必信,行必果" / 187

孔子的生死观 / 190

第四篇　谨严的墨家

墨家的生死观 / 194

命运在我不在天 / 196

墨家与中国侠客精神 / 200

墨家为何会走向没落? / 203

墨子为何做了儒家的"叛徒" / 208

墨家思想的逻辑关系 / 210

"兼相爱"与"仁爱" / 213

墨子与孟子的隔空大辩论 / 217

从显学到绝学的墨家学派 / 222

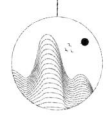

第五篇　冷峻的法家

韩非子的人性观　/ 229

法家思想的源头　/ 232

你有多自律,就有多自由!　/ 238

肠胃决定人生幸福　/ 240

韩非子的智慧　/ 245

第一篇　中国哲学综合篇

中国哲学史的江湖

金庸先生的《射雕英雄传》中，武林绝世高手"西毒"欧阳锋，练了郭靖胡编乱造的《九阴真经》后，"整个人都不好了"，变得不认识自己，且好奇心猛涨，像个"哲学家"一样，后半生一直追问"我是谁"这样的终极问题。据说，"我是谁？我从哪里来？要到哪里去？"这是哲学的三个终极问题，无论多么复杂的哲学体系，都不外乎这三个对人生的终极追问。

哲学从哪里来？古希腊哲学家柏拉图说，惊奇是哲学家的标志，它是哲学的开端。这说明，哲学来源于人类对自身及世界的好奇心与探索欲。就像一句广告语所说的那样，"人类失去联想，世界将会怎样"，我们同样无法想象，人类失去了好奇心后的世界。好奇害死猫，但好奇是让人类孜孜以求探索世界的本源以及存在的意义。所以，中国著名哲学史家冯友兰先生在《中国哲学简史》中说，"哲学，就是对于人生有系统的反思的思想"。

幼年时，我们每个人都问过父母，我是谁，我从哪里来；长大后，我们又对自己将去向哪里产生过迷茫，尽管我们希望"我的未来不是梦"，但我们的理想总在未知的远方。有追问就有哲学，所以，我们的生活中从来不缺哲学家——大街上盘查身份证的警察，小区里追着陌生人问你是谁到哪里去来干什么的门卫，都是认真的哲学家。由此可知，哲学距离我们并不遥远，我们每个人的身上，都有哲学家的影子，也有成为哲学家的可能。

知其不可而为之的儒家

有人的地方就有哲学，有人的地方就有江湖。假如我们把中国五千年的哲学史，看作一个刀光剑影的江湖的话，这个江湖上曾经存在过形形色色大小不一的武林门派，其中，影响最大的是儒家、道家和佛家三大门派。数千年来，三大门派统治了中国哲学的江湖。

儒家是势力最为雄厚、影响最为深远的哲学第一大门派。就像"天下功夫出少林"一样，儒家思想是中国哲学的主要源头。少林功夫练的是外家拳，而儒家学派修炼的也是外家功夫，即"入世派"，儒家都是积极进取的现实主义者。

儒家学派的掌门人是孔子。孔子一生栖栖惶惶于江湖之上，为自己的"大同世界"和"小康社会"的理想奔走呼号。他的独门内功是"仁"，要求我们每个人都要爱自己、爱父母,爱兄弟姐妹,还要把这种对自己和亲人的爱,推广扩大到全社会,让世界充满爱。在周游列国流浪多年后,孔子无功而返,退隐江湖,潜心修炼武功,最终创立以"仁"为主以"礼"为辅的儒家学派,成为中国哲学史上的一代宗师,成为千百年来炎黄子孙的心灵导师。

孔子的儒家学说,部分来源于他最崇拜的偶像——周公。周公是西周时期著名的政治家和思想家,他的思想对孔子产生了极大的影响。作为周公的"铁杆粉丝",孔子做梦都想成为周公那样的人,在晚年,孔子曾经还为自己梦不到周公而大发感慨。

孔子门下弟子众多,传说有三千多人,其中武功卓绝的有七十二人,当然,也有一种说法是七十七人。孔子座下有孟子和荀子两大护法,他们继承了孔子的思想,同时又对他的思想进行了改造和创新,从而使儒家学派茂盛生长,终成中国哲学江湖的第一大派。儒家学派在秦朝时命运悲惨,秦始皇烧了他们的武功秘籍,活埋了很多儒家弟子。儒家学派差一点儿就全部玩完。但从西汉汉武帝开始,儒家思想开始一统江湖,走上了统治地位。

孟子的弟子众多,从宋代的理学大家朱熹,到明代的大思想家王阳明,英才辈出,而孟子也被后人尊称为"亚圣",成为仅次于孔子的儒家第二位圣人。而荀子的弟子成分就更加复杂了。他不仅带出了汉初的大思想家董仲舒等后世众多的哲学界的"大拿",更是将武功传给了江湖上另外一大门派——法家。

虽然师出同门，但他们的学说却不尽相同。孟子是个充满热情雄心勃勃的理想主义者，他认为人性是善良的。他强调个人的修炼，以人的高度道德自觉来实现齐家治国平天下的理想。而荀子是个理性主义者，他认为人性是邪恶的，而除恶向善需要外在的"礼"的约束，甚至主张使用严刑峻法强制每个人努力向善。至此，孟子和荀子分别从内外两个方面，发展和完善了孔子的思想——"内圣外王"之道。后世的儒家弟子和儒家思想，无非是沿着这条道路，不断推陈出新而已。

知其不可而逃之的道家

中国哲学江湖的第二大门派是道家。相对于儒家渴望建功立业齐家治国平天下的"入世派"，道家更强调内心的宁静与精神的绝对自由，是虚静无为与世无争的"出世派"，类似于武林中修炼内功心法的武当派。道家的开山祖师是老子，他的主要思想是"无为"，用现在的话说就是"天下本无事，庸人自扰之"。正是出于这个思想，老子最后连道家掌门人的位子都不要了，骑着青牛出了函谷关不知所踪。道家学派掌门人的位子就落在了庄子身上。庄子比老子还消极绝望，老子强调"无为"，他强调"齐物"，意思是这世界的事物没有任何的不同，贫贱一个样，生死一个样，既然如此，不如顺应自然，"知其不可奈何而安之若命"，管他天崩地裂，我自悠然而乐。

道家思想的核心是"无为"，不像儒家那样，"知其不可而为之"，管他前路艰险，我自勇敢前行，是勇于任事的行动派。而在道家的眼中，世界尔虞我诈腥风血雨，人生压抑、痛苦无助。他们认为，即使练就绝世武功，哪怕获得高官厚禄，到头来也是尘归尘土归土，死亡是逃不掉的结局。他们的思想可以这样概括——知其不可而逃之，"世界那么大"，根本就看不过来，不如"躲进小楼成一统，管他冬夏与春秋"，优哉游哉自得其乐。

道家弟子大多由与世无争的隐士和遭受挫折的文人官僚组成。其实，他们中的大部分人，开始时是儒家，他们修习儒家功法，渴望建功立业，但命运总是泼他们一头冷水，理想成为泡影，希望成绝望。有的人看透了一切，有的人失去了一切，在心灰意冷之际，干脆转投道家，在修身养性中寻找心灵的宁静。

道家最著名的武功是"无为"心法。依据这个心法，庄子创立了"逍遥"功法。他的名作《逍遥游》就是逍遥功夫的武功秘籍。道家在中国哲学的江湖上一直处于被儒家压制的地位，直到魏晋南北朝时期，出了"肤白貌美"的何晏和"天纵之才"的王弼两位弟子，还出现了以阮籍、嵇康为代表的"竹林七贤"，一时间道家思想变得炙手可热。魏晋时期的哲学家们，喜欢以道家学说来解释儒家学说，推动了道家和儒家的融合发展。

知其不可就转世的佛家

中国哲学江湖上的第三大门派是佛家。佛家学说在东汉时期从印度传入中土武林，祖师爷是古印度的释迦牟尼。正所谓"外来的和尚会念经"，佛教传入中土，竟引得大批中原人士顶礼膜拜，一时间竟有赶超中国第一大门派儒家的趋势。在魏晋南北朝和隋唐时期，佛教的势力达到了顶峰，佛家学说成为国家宗教，好多和尚成了统治者的座上宾，甚至成了国师。

这是个十分善于学习的教派。佛教十分清楚自己的"外来户"的身份，要想在教派林立的中国哲学的江湖扬名立万，势必要向处于统治地位的儒家和道家两大门派学习，特别是向从西汉开始一家独大的儒家学说靠拢。佛教是用下辈子幸福的可能性来安慰心灵的学说。统治者认为佛教可以让老百姓学乖，对维护统治很有好处，就大力扶持，竟使佛教成为统治中国哲学江湖的三大门派之一，至今仍然香火鼎盛长盛不衰。

后来佛家分成两大教派，一是大乘教派，另一个叫小乘教派。佛教虽然武功出神入化，却不容易练成。它要求弟子出家，抛弃人间一切俗事和欲望；要求弟子吃斋拜佛，抛弃人间一切美味。这个要求实在太高，佛教徒们修炼佛教本是为了追求永恒的快乐，但佛教教义却让人在烦琐的清规戒律中变得闷闷不乐，这违背了人类离苦得乐的初衷，所以佛教的发展充满了危机。

直到有个叫慧能的弟子，改革了禅宗，佛教才迎来惊天逆转。禅宗抛弃了佛家那些严格的清规戒律，想娶妻生子，没关系，可以在家修行；想大口吃肉大碗喝酒，不要紧，"酒肉穿肠过，佛祖心中留"。坐在家里"吃着火锅唱着歌"，说不定哪天就可以脑洞大开而"顿悟"立地成佛。因为在禅宗看来，人人都有佛性，所以人人都可以成佛。就像儒家孟子认为，人人都能成为尧舜那样的圣人一样，而明朝的心学大师王阳明更是欣喜地发现，满大街都是尧舜。这种只求心中有佛的修炼方法简单易行，又不至于吃太多苦，这对想去西天极乐世界，却不肯下苦功的佛教弟子来说，"简直不要太好"。

主张"顿悟"的禅宗流派的出现,让佛教在中国获得了与众不同的发展道路与动力,中华文化将外来的佛教改造成具有中国特色的宗教,而中国也取代佛教发源地印度成为世界佛教的中心。其实这种顿悟的功夫,出自儒家和道家的心法,禅宗创造性地加以融会贯通,终于让处于危机之中的佛家,获得了长盛不衰的生命力。

在中国哲学的江湖中,儒家、道家和佛家三大门派互相竞争,相互融合,谁也不服谁,谁也吃不掉谁,共同组成了中国哲学的三驾马车,也从不同的侧面,影响了中国人民族性格的形成,成为中国人性格的底色。

中国人大多修炼这儒道佛三家功夫。我们用儒家的积极进取功法做事,追求修身齐家治国平天下,这是积极的进取主义,是刚劲勇猛的奋斗精神,是中华民族的思考方式,是中华民族历经劫难而凤凰涅槃,最终走向民族复兴的主要动力;我们用道家的无为虚静、顺天知命的心法来修养身心,我们敬畏自然而顺应自然,无为而无不为,在遭受挫折与打击的时候,我们默念道家心法,退隐山林笑傲江湖,追求身体和精神上的自由;我们用佛家学派的转世和西方极乐世界来麻醉自己,这辈子不顺利,都是上辈子没做好事惹的祸,只要这辈子做了好事,那么下辈子就会享受快乐,在对彼岸世界的眺望中,我们中国人变得心满意足心平气和。所以,在炎黄子孙的心中,都住着一个勇于进取的孔子,一个虚静无为的老子,一个慈悲为怀的佛祖,在我们"精神饥饿"、前路迷茫时，三位宗师会共同熬制一碗中国哲学的"心灵鸡汤"，让你身体舒泰心情舒畅，这是我们中国人特有的福利。

当然，中国文化是个奇妙的存在，在中国哲学的江湖上，还有法家、墨家、阴阳家、名家、农家、小说家等门派，这些门派，在春秋战国那个战乱频繁的年代，意志坚强地成长壮大，成为"文化轴心时代"的奇迹。他们的思想，是儒道佛三家不断发展的源头之一。同时，儒道佛三家的思想也不断浸润着这些小门派，最终汇成中华文化无所不包的汪洋大海。

"精于算计""心狠手辣"的法家

法家是中国哲学江湖上的第四大门派。虽然势力没有儒道佛三家的势力大，但其思想却备受历代统治者青睐。统治者们不敢明火执仗地运用法家的思想，但他们都在暗暗地偷练法家的功夫。他们表面上练习儒家武功，有时候练练道家功夫，但背地里练习法家功夫的努力从来也没有中断过，这在中国历史上被称为"外儒内法"或"阳儒阴法"。

因为，相对于讲"仁义"的儒家，讲"无为"的道家，讲"慈悲"的佛家，法家强调用严刑峻法来治理国家，这样使统治者们治国理政变得直接和干脆——对老百姓来说，你可以不听话，但是你不能不要脑袋——法家就是运用法治思想治国的学派。

法家有三位始祖，分别是商鞅、慎到和申不害。商鞅强调"法"的重要性，慎到重"势"，而申不害主张"术"。这是法家思想的主要来源。但他们三个人分别练功，所以威力不大。

而韩非子将三位始祖的武功集于一身，成为法家思想的集大成者。韩非子强调治国理政要实现"法""势""术"的统一。他认为人性是自私的，人与人之间充满了尔虞我诈的阴谋和算计，无论是父子、夫妻，还是臣子和君主。因此，法家主要研究如何破解这种算计，也就是说，要以更高明的算计，来对付那些不高明的算计。

这就意味着，魔高一尺，道必须高一丈，如此循环，生命不息算计不止。就像放狗咬人反被狗咬一样，韩非子最终被同学李斯算计，悲愤自杀；而李斯更惨，高智商的他竟然被太监赵高算计，身首异处；而赵高也没有算计过命运的安排，被秦朝末代皇帝子婴设计杀掉，诛灭三族；而子婴又被项羽算计，项羽被刘邦算计……总之，长于算计的法家首领，一直被人算计来算计去，正可谓"机关算尽太聪明，反误了卿卿性命"。

洒向人间全是爱的墨家

严格来说，墨家算是一个准军事组织，用现在的眼光来看，像组织严密的"黑社会"。但与胡作非为的黑社会不同，这是一个充满了爱的学派。墨家创始人墨子，是个坚定的和平主义者，堪称战国时期的"诺贝尔和平奖"得主。他反对战争，热爱和平，主张"兼爱"和"非攻"。"兼爱"就是无差别地爱一切人，像爱父母妻儿一样爱别人，"洒向人间都是爱"。"非攻"就是反对一切不义战争，墨子甚至不惜带着勇于牺牲的弟子们，血战疆场，只为制止一场战争。

墨家在战国时期曾经风靡一时，风头远远超过了儒家学派，但他们的缺点是过于理想主义。像战国的名字一样，这个时代的特点就是战争，数百年打来打去，在那个弱肉强食的时代，战争是保存自己、吃掉别人最好的武器，而墨子的思想与现实严重脱节，所以墨家学派盛极而衰，但他们留给历史一个温情脉脉的人文主义的背影。

争奇斗艳的其他学派

名家由一群巧舌如簧能言善辩的知识分子组成，代表人物是公孙龙——一个具有无与伦比诡辩技巧的哲学家。他的主要思想是"白马非马论"和"离坚白"。简单地说，他认为"白马"不是"马"，更不是女孩子眼中的"白马王子"。"马"是指"马"这种动物的概念，"白"是指"马"的颜色，而"白马"是"马"的概念和"马"的颜色的混合体，和"马"是不同的概念。所以，"白马"不是"马"。"离坚白"的意思是说，一块坚硬的白石，用眼看不出它是否坚硬，用手摸不能感觉其白色，所以世界上只有白石和坚石，没有坚白石。从这个逻辑出发，我们同样可以推出，老爸不是爸，老妈不是妈的荒谬结论。

阴阳家由一些科学家和"算命先生"组成。他们认为，世界是由阴阳对立运动产生的，金木水火土是组成世界的基本物质。尽管这种看法还相当原始，但这毕竟是人类探索自然科学的开始。阴阳家学派的掌门人是邹衍，他的主要思想是"五德始终说"和"大九州说"。他学问渊博，古今中外、天文地理无所不包，人送外号"谈天衍"。

农家由一些热爱农业生产的农业技术专家组成。他们希望统治者不要高高在上，而要深入民间，和老百姓一起种地劳动自食其力。这个学说让统治者们很不满意，因为按照这个学说，做国君已经没有任何意义，最终都是面朝黄土背朝天的农民。所以，他们的学说很不受待见，在中国哲学的江湖上昙花一现。

小说家是走街串巷，收集民间舆论的"新闻记者"或历史工作者，在中国哲学史上的影响不大。

在春秋战国，中华民族哲学迎来了生机勃勃的百花盛开的时代。在后世大行其道的儒道两家，只是众多流派中的两派，他们与其他流派被并称为"诸子百家"，这是中国哲学史的黄金时代。

知识链接

稷下学宫

　　战国时期齐国的高等学府，因设于都城临淄稷下而得名，是世界上第一所由官方举办、私家主持的高等学府，是一个具有研究院、大学堂、施政咨询等多种性质的机构。当时的儒、法、墨、道、阴阳等各学派都汇集于此，他们兴学论战、评论时政和传授生徒，孟子和荀子等大师都曾来此讲学，是战国时期"百家争鸣"的重要园地。

中国古代的价值观

　　哲学上有三个著名的终极追问：我是谁？我从哪里来？要到哪里去？在价值观上，人们一般也关注三个问题：人为什么活着？人活着的价值和意义是什么？人如何过一种有价值的生活？

　　人的生命是有限的，但人有让自己的思想和影响更久远的渴望，这就是人对永恒的追求。

　　正如美国现代哲学家詹姆士在《人之不朽》中说的那样："不朽是人的伟大的精神需要之　。"因此，中国哲学上一个著名的命题是人如何才能不朽——"三不朽"。春秋时鲁国大夫叔孙豹称"立德""立功""立言"为"三不朽"。立德,树立高尚的道德;立功,为国为民建立功绩;立言,即提出具有真知灼见的言论,此三者是虽久不废流芳百世的。"三不朽"的命题体现了中国哲学的三个特点:一是中国哲学着眼于人世,不是寄托于宗教的彼岸世界,而是落实在现实的人间世界;二是中国哲学追求个人对群体的贡献,叫"群己之道";三是"三不朽"的追求是儒家价值观的源头。

儒家的人生价值观

中国文化基本上由儒家、道家和佛家三家思想组成,其中,儒家是中国社会的主流思想。儒家的创始人是孔子,思想的核心是"仁","仁"的核心是爱人。在孔子看来,仁就是有差别的爱人,按照血缘关系的远近去爱别人,先爱自己的父母,然后是爱兄弟、朋友等。

在儒家思想中,"仁"不仅是最高的道德标准,更是人的最高价值标准,也就是孔子所说的"道"。因此,孔子说,"人能弘道,非道弘人",人活着的责任就是彰显和发扬大道。这一点,孔子的弟子曾子说得更加清楚,他说:"士不可以不弘毅,任重而道远。仁以为己任,不亦重乎?死而后已,不亦远乎?"

古代的"士",相当于现在的知识分子。曾子交给知识分子一份沉甸甸的历史担当和使命,就是弘扬大道死而后已,

这深刻影响了中国知识分子的价值观。儒家认为与弘道、行仁相比,富贵利禄不值一提。因此孔子说,"不义而富且贵,于我如浮云。"

那么,人到底该追求什么呢?孔子有自己的标准,他说,"士志于道,而耻恶衣恶食也,未足与议也。"人活着不是为了满足口腹之欲,整天想着吃香喝辣,梦想躺平,妄想躺赢的人,孔子是看不起的。人的价值是成全"道"。"志士仁人,无求生以害仁,有杀身以成仁。"孔子认为,在弘道与生命发生冲突的时候,要牺牲生命去成全"道"。儒家的亚圣孟子在此基础上提出了"舍生取义"的思想。他说,"生,亦我所欲也;义,亦我所欲也。二者不可得兼,舍生而取义者也。"

也就是说,儒家价值观强调的不是个人的功名富贵,而是要为社会做贡献建功立业,因此,"修身齐家治国平天下"成为儒家知识分子的终身选择。许多儒家思想家都是伟大的爱国者,他们有着强烈的济世安民的思想。宋代著名思想家张载写下了古代知识分子的责任状和宣言书:"为天地立心,为生民立命,为往圣继绝学,为万世开太平。"而大思想家顾炎武更是喊出了"天下兴亡匹夫有责"的时代最强音。因此,儒家的价值观就是仁者爱人、报效国家。

道家的人生价值观

老子提出了"道法自然"的理论。在老子看来,道的运行法则就是"自然而然","得道"就意味着必须任由事物成为它所应是的样子,绝不能将自己的主观意志掺杂其中,这就是"无为";一旦彻底否定了任何外在意志的驱使和强迫,事物就会在运动中完全实现自己的本性,此即"无不为"。以此自处,就可以实现庄子所谓的"至人无己,神人无功,圣人无名",达到"逍遥"自在的"无待"之境;以此处世,则可以实现"天地与我并生,万物与我为一"的"齐物"之境。也就是说,遵从"道法自然"的基本法则,既可以使自己的本性获得充分实现,也可以使他人或他物获得完全的自由。

庄子是道家思想的集大成者,他认为人间的功名利禄不过是像死老鼠肉一样肮脏的东西。庄子有个好朋友叫惠施,在魏国当国相,有一天听说庄子到魏国了,他害怕庄子抢自己的位子,就派人全城搜捕庄子,庄子听说了,自己主动前去见他说:"南方有一种鸟,它的名字叫鹓,鹓从南海出发,飞到北海,不是梧桐树不栖息,不是竹子的果实不吃,不是甜美的泉水不喝。在此时,一只猫头鹰拾到腐臭的老鼠,鹓从它面前飞过,猫头鹰仰头喊了一声'喝!'。现在你也想用你的梁国来吓我吗?"可见庄子是个视功名为粪土脱离了世俗的人。

在庄子的哲学中,万物都是一样的,包括生与死也是一样的。因此，庄子将死亡看成是回归到生命的本源，是一件值得庆祝的好事。庄子的妻子死了，庄子敲锣打鼓庆祝，他的朋友惠施指责他，而庄子说，她最初也是没有生命、没有形体、没有气的，后来才衍变成了有气、有形体、有生命的样子，如今又变化回没有生命的状态，这和春夏秋冬运行规律是一样的。她现在安静地寝卧于天地之间，而我却在这里嗷嗷地哭，这是我不明白天命、不够通达，因此我就停止了哭泣。

既然人间的功名富贵如粪土，既然万物齐一生与死都一样，用现在的话说一切都没有意义，因此庄子主张"无用"。庄子说一棵大树，长得好早就被砍伐了，长得不好没有用，反倒可以保全性命。从这个意义上来说，道家特别是庄子的价值观是顺应自然全生保命。

在道家哲学家中，还有一个著名代表人物，就是曾经被孟子痛骂的杨朱。杨朱的价值观是"拔一毛利天下而不为"。他还是一个极端的享乐主义者。杨朱曾经公开宣称"人之生也奚为哉？奚乐哉？为美厚尔，为声色尔。"同儒家的"三不朽"价值观完全相反，杨朱认为人死了就是一堆白骨，追求不朽毫无意义。"生则尧舜，死为腐骨；生则桀纣，死则腐骨，腐骨一矣，孰知其异。"因此，杨朱一派的价值观，就是保全性命享乐人生。

墨子自苦利人的价值观

墨子是战国著名思想家、政治家。他创立了墨家学说,提出了"兼爱""非攻""尚贤""尚同""天志""明鬼""非命""非乐""节葬""节用""交相利"等理论。

墨家学派的核心思想是"兼爱"。与儒家的仁者爱人相似,都是要爱人,但墨子的学说更加极端,他要求人们不管是什么人都要爱,甚至是"死了都要爱",无差别地爱一切人。墨子是个极端利他主义者,宁愿自己受苦,也要有利于他人,为天下幸福而放弃个人私利,承受个人的苦难。这是一种自苦利人的价值观。

概而言之,中国传统文化中的主流价值观,重视道德强调气节,提倡以天下为己任。这是一种积极入世的思想,它深刻影响了中国人的文化心态和价值观,也是中华民族历经磨难而顽强挺立于世界民族之林的强大动力之一。

中国哲学的生死观

人生哲学是探讨人活着是否有价值,有何价值的哲学,但人生哲学并不将所有的重点都落在生的维度,它更重视死亡。从某种意义上来说,探讨死亡比探讨生存更有价值,毕竟生的价值要依靠死亡来凸显。因此,如何让短暂的人生富有意义,让死亡更有价值,是中国人生哲学的头等大事。

对于死亡，中国人非常清楚，这是必将到来的仪式，是人生的终点。无论富贵逼人权势熏天的王侯将相，还是贫贱如蚁的贩夫走卒，没有人能躲得过死亡。死亡乃是对不平等的人生的一种补偿——毕竟死亡是终极的平等。

生死对人来说是性命攸关的大事，中国哲学史上的各家门派，都对生死有深刻的思索。比较各哲学学派生死观的不同，是一件有趣的事情。

儒家的生死观表现为道德理想主义。文天祥的"人生自古谁无死，留取丹心照汗青"；司马迁的"人固有一死，或重于泰山，或轻于鸿毛"；曹植的"捐躯赴国难，视死忽如归"，他们对死亡的思考是理想主义、集体主义，认为活着就要为社会家国做贡献，而死要死得其所。因此，在死亡终将到来之际为正义献出生命，是儒家君子的道德理想，这来自孔子的"志士仁人，无求生以害仁，有杀生以求仁"，来自孟子的"舍生取义"的精神。

儒家认为人生必死但道德之光将永存。因此有"太上有立德，其次有立功，其次有立言，虽久不废，此之谓三不朽"之说。崇高的道德理想主义弥漫心中，让儒家君子可以宁静地面对死亡，这正是明朝思想家王阳明的临终遗言"我心光明，夫复何言"的境界。

儒家将死亡看得崇高且充满仪式感，但秉持自然无为的道家哲学，对死亡却并不重视。因为道家的核心理念是"自然"与"无为"，生命是自然的产物，死亡也是回归自然的过程，这是一种自然主义生死观。

　　老子对死亡的思考不多，而庄子则认真地思考过死亡的问题。庄子认为，从齐物的理论上来看，生与死相同，因此贪生怕死或者是为名为利而死毫无意义。庄子还认为，人生本来如牢笼如倒悬，死亡犹如甩掉身上的"附赘悬疣"一样，是一种解脱。因此，面对死亡的大智慧应该是"死生，命也"，而道家对待命运的态度就是"知其不可奈何而安之若命"。来了就来了，走了就走了，让一切随风。

　　因此，庄子的老婆去世他并不悲伤，反而鼓盆而歌。庄子不是无情郎，因为他已经洞彻了人生与死亡的真相。

　　道家对生死看淡，但来源于道家的道教却渴望人生不老——毕竟人有不死的欲望，而满足人类不能实现的欲望，正是宗教的本质特征。道家把追求人生不老叫做"长生久视"之道。无论是服用"外丹"还是修炼"内丹"，都为了长生不老。"内丹"主要以修炼气功为主，按照天地间阴阳消长来修炼精气，道教认为这样可养性修命长生不老。道教徒们后来又嫌"内丹"修炼时间太长效果不彰，就想出借用外药之功延年益寿返老还童，甚至是坐地飞升长生不老的法子。长生不老没有见到，但死于服药暴毙于炼丹炉前的人，却大有人在。

　　中国佛教反对儒家道家和道教的理论。他们认为"灵魂不灭"。佛教对生命的价值持否定态度，认为人生皆苦，因此生命并不可贵；而"灵魂不灭"的思想，又让死亡并

不可怕。死亡不过是在不同的肉体之间、空间之内转换与轮回而已。按照佛教的轮回与报应学说的逻辑，今生之苦是你前世没有做好事的业报；而今生作恶又将为你来世受苦种下种子。

因此，人世间一切苦难都无意义，人世间一切烦恼都无所谓，反正人的灵魂不死，反正还有彼岸与来世。死亡于人而言，不过是换一个生存环境而已。

中国哲学中还有一个惊世骇俗的学派，就是杨朱和《列子》一书中的享乐主义生死观。与儒道墨法等主张寡欲的人生观不同，《列子》与杨朱倡导赤裸裸放纵欲望的享乐主义价值观。

这来源于他们对死亡的认识。杨朱认为人生必死，人生贵贱殊途但同为枯骨，这才是人生最大的平等；人生短暂，可以享乐的时间实在不多。尧舜禹苦了一辈子死去，夏桀商纣快乐半生死去。既然死去万事皆空，相较之下，还是夏桀商纣获得了快乐，显然是赚到了。

所以面对终将到来的死亡，杨朱与列子提倡尽情享乐："恣耳之所欲听，恣目之所欲视，恣鼻之所欲向，恣口之所欲言，恣体之所欲安，恣意之所欲行。"

尽情放纵欲望，迎接终将到来的死亡。这是一种极端的死亡观，显然不是中国文化的主流。

知识链接

封禅

古代帝王祭天地最隆重的典礼叫做"封禅"，"封"为"祭天"，"禅"为"祭地"，是指中国古代帝王在太平盛世或天降祥瑞之时的祭祀天地的大型典礼。古代统治者不仅重视祭宗庙，也重视祭天地、山川。一般都是由帝王亲自到泰山上举行。古时认为泰山是五岳之长，称为岱宗。泰山高，离天近，所以先要到泰山顶上举行祭天的仪式，以报答天之功，叫"封"，然后再到泰山脚下的一座小山——梁父山上举行祭地的仪式，以报答地之功，叫做"禅"。

中国人的理想人格

理想人格的设计,是哲学家长期探索的重要命题。中国传统文化以圣贤作为理想人格的典范和人生追求的目标,以此激励人们加强自身的道德修养,完善人格操守提高人生境界,从而实现人的价值和尊严,这在今天仍有积极意义。

中国传统文化中大致有三种理想人格的类型:一是儒家、法家、墨家的入世类型。他们的理想人格是成为现实世界的领导者、拯救者和管理者,特别是儒家,强调追求成为圣贤,再不济也要成为君子;二是道家的游世类型。道家的理想人格是成为逍遥于天地之间的"至人、神人、圣人",而道教更是希望羽化成仙;三是中国佛教的出世类型,他们主张现实很苦,不如去西天极乐世界成为佛。

儒家的理想人格

成为圣贤是儒家的最高理想。儒家理想人格的最高标准是尧舜禹、周文王、周武王、周公、孔子等历代圣王。因此,冯友兰先生说中国哲学的任务是启发人们成为圣贤。而在儒家思想中,圣贤的标准是道德完美、济世救民的人。儒家一方面强调要积极修炼主体人格,挺立道德,另一方面要求奉献社会,这就是儒家的"内圣外王"之道。"内圣"是修身即修炼个体的道德价值,"外王"是齐家治国平天下。

孔子是儒家思想的设计者,而亚圣孟子是儒家思想的继承者发扬者。孟子继承了孔子的"仁",并进一步深化为"仁政"的思想,将孔子的思想向前推进了一大步。在理想人格上,孔子推崇的是"君子"人格,而孟子推崇的是"大丈夫"理想人格。所谓"大丈夫"人格,就是要坚守三个不能的底线:"富贵不能淫,贫贱不能移,威武不能屈,此之谓大丈夫"。如何培养大丈夫人格?孟子认为,要善养"浩然之气"。"浩然之气"是刚正之气、人间正气,是大义大德造就的一身正气。孟子认为,一个人有了浩气长存的精神力量,面对外界一切巨大的诱惑也好,威胁也好,都能处变不惊,镇定自若,达到"不动心"的境界。

儒家理想人格具有四大特征。一是必须具备博爱思想。孔子是个温情脉脉的君子,他给儒学带来的也是一种爱人的温情学说。孔子主张"仁者爱人",爱人的途径不外乎"忠恕之道"。"忠"就是"己欲立而立人,己欲达而达人",强调人与人之间要守望互助成人成己;"恕"就是"己所不欲,勿施于人",强调要换位思考包容他人。而孟子的仁政思想,则建立在他的人性善学说基础之上。孟子认为人具有"恻隐之心、羞恶之心、辞让之心、是非之心"等四种心,统治者要是把这四种心推广到国家的治理上,就是行仁政,而能行仁政的君主才能仁者无敌。

二是必须具备经世胸怀。儒家既强调个人道德修养的心性修炼，又强调躬行实践知行合一。儒家强调"明道稽政、志在天下"的经世之学，人要为社会、国家服务做贡献。这种理想人格深刻影响了中国知识分子的爱国情怀。北宋著名政治家范仲淹写下"先天下之忧而忧，后天下之乐而乐"，强调与民同乐；明代顾宪成写下"风声雨声读书声，声声入耳，家事国事天下事，事事关心"，强调与国家同呼吸共命运。这是中国哲学中最美好的爱国情怀。

三是要奉行"中庸之道"。"中庸之道"是中国儒家哲学的核心思想。它要求人们说话做事立于中道，不偏不倚"过犹不及"。这是一种平和、中正的现实主义态度。

四是要有舍生取义的献身精神。因此，注重气节和具有献身精神，是儒家理想人格的重要特点。

墨家的理想人格

墨家的理想人格是"兼士"。"兼士"必须是毫不利己专门利人的人，他们"视人国若其国，视人家若其家，视人身若其身"，是一种"死了都要爱"的理想主义的人格。"兼士"追求人类的大爱，而不是个人或小团体的爱。墨家的理想人格还要求人有一种献身精神，自己吃苦是为了谋天下大乐。

道家的理想人格

庄子的理想人格是三种人。他说,"至人无己,神人无功,圣人无名"。提倡"圣人无名",圣人不追求功名和权势。在道家看来,儒家的仁义礼智不过是束缚人性的枷锁。"神人无功",不追求人生的功利价值。"至人无己",忘记自身的身体和精神,齐万物、同生死。只有做到无功、无名、无己,才能摆脱一切人间的束缚,达到无所待的逍遥境界。这是一种企图超越世俗世界的理想人格,与儒家和墨家的入世思想相反,道家追求的是顺应自然与命运,游世避世于人生。

中国佛教的理想人格

佛教是一种出世型的哲学思想,认为一切皆空都是幻象,否定现实世界否定人生价值。佛是觉悟者,是经过修行达到"觉行圆满"的大彻大悟者,这种境界叫"涅槃"。所以,佛教的理想人格是"涅槃"。佛教认为人生皆苦,人生有八种必须承受的苦难,分别是生苦、老苦、病苦、死苦、爱别离苦、怨憎会苦、求不得苦、五阴炽盛苦。而苦的根源在于人的欲望太多了。因此,消除人生苦恼的途径是消除人的欲望。这就是要"见美女时当虎狼看,见黄金时作粪土看"。既然四大皆空一切皆是虚幻,那么就要无争,就要忍辱负重。

只有熄灭一切情欲和苦恼，才能超凡入圣，达到涅槃的境界。

总的来说，儒家、墨家、法家等为代表的理想人格是积极入世型的。儒家追求人的自我道德的实现；墨家追求人生功利价值的实现；法家追求个人权势地位的实现。在实现途径上，儒家强调人要积极进取努力拼搏。孔子就是个"知其不可而为之"的人，这充分体现了易经中"天行健，君子以自强不息"的精神，而这种精神也是中国文化中最核心的精神。道家和中国佛教为代表的理想人格是消极避世型的。他们否定现实人生的价值，强调超然物外，以完成自我的精神解脱为最高理想。

中国古代的命运观

说到底，人的一生就是抵抗一种不确定的过程。

人们的喜怒哀乐，其实都与不确定有关。你不知道自己何时会死，所以会害怕死亡，要是上天能明示，你将在某一个确定的时间走向死亡，你也许不会害怕，而是像参加某种庄严的仪式一样，淡然甚至充满期待那一天的到来。如果有一种力量告诉你，你必定成功或失败，那人生将会简单许多，你就毫无必要为之感到快乐或悲伤，因为一切都已经注定，所有的努力与挣扎都于事无补。那样的人生就会简单很多，我们可以如不系之舟随风飘荡而不需要过多的思量。

人类畏惧的这种不确定性，是独立于自我意志之外的某种必然，就是命运。因为命运的不可支配性，让人类产生了敬畏。孔子就说人生应该有"三畏"，"畏天命，畏大人，畏圣人之言"，把对天命的敬畏放在人生的第一位。

对命运的不同看法和迎接命运的不同做法，代表了不同的人生哲学，也代表了不同的人生路径。整体上而言，中国文化是积极进取的入世文化，崇尚"天行健，君子以自强不息"的奋斗哲学。中国文化历来强调"谋事在人成事在天"，关键是人要先谋事，要是躺平，连上天都不会高兴。在对待命运上，儒家强调要正确认识命运，既承认命运对人的支配作用，又强调人不能做命运的奴隶，匍匐在命运脚下而无所作为。

儒家提倡"尽人事待天命"，不管最终命运如何，先尽力而为，在所有努力都穷尽之后，将结局交给天命，这种"知其不可而为之"的奋斗进取精神，始终激励着中华民族，在"黑云压城城欲摧"的至暗时刻，迎来"柳暗花明又一村"的明媚春光。承认命运，但不盲从命运，行不行先干了再说的精神，是中国文化命运观的底色。

儒家和墨家是积极进取的学派，思想的核心就是迎着命运向前冲，用最大的努力争取最好的结果。就像宋朝政治家王安石所说的，"尽吾志而不能至，可以无悔矣"。

但道家特别是庄子的命运观，却与儒家和墨家完全相反。庄子认为一切都是命运的安排，人活在世界上，无论"死生存亡，穷达富贵，贤与不肖，饥渴寒暑，是事之变，命之行也"，谁也别想抵抗命运。既然外部世界无法抵抗，那就向内心探求，在命运的羽翼下过一种与世无争安之若命的生活，庄子把这种生活叫"逍遥"。

孔子：知命才是真君子

孔子对天命的认识有点儿矛盾，他一方面认为，人能支配的是自己的学问和道德，所以一直强调学习与立德。另一方面又认为，人的生死寿夭富贵贫贱是由天命决定的。孔子的弟子子夏说，"死生有命，富贵在天"，就是孔子命运观的体现。在孔子看来，命运是一种人力无法抗争的必然，人生的价值就在于某种必然中掀起朵朵浪花，让人生有些价值，有些意想不到偶然的美丽。

孔子说，"道之将行也与，命也；道之将废也与，命也"，认为冥冥中有命运的安排。但如果孔子一味迷信命运，他就不是孔子了。他的可贵之处在于，他主张固然命运无法改变，但人可以从主观努力上下手，做一些应该做的事，至于成功与失败不必在意，交给命运好了。孔子说他"五十知天命"，认识天命就能把握必然性，让人变得心安理得。

对孔子来说，人生必先尽人事，而后才有资格谈命运。唯有努力才是真君子，所有放弃努力而借口都是命运安排的人，都是小人，所以，"尽人事知天命"的精神也成为儒家对命运的基本态度。

孟子与荀子的命运观

孟子对命运的理解比孔子要深刻,且比孔子更加积极进取。孟子承认有命运的存在,并认为人生有正命和非正命两种命运。人在命运面前,应该积极挺立起自我,走心安理得的"正命"之路,而不是走违法犯罪不得好死的"非正命"之路。孟子给命运下了一个定义,"莫之为而为者,天也;莫之致而至者,命也。"人力所未能达到而竟然达到了某种结果,就是命运的作用;它完全出自天意,无需人力所为,更无法为人类所为。但孟子又给人的努力划定了范围,这也让人在命运面前有了更大的活动空间。

孟子认为,人能否得到富贵利禄属于天命,天命你努力去求也未必能得到;而人的道德是性,道德是人只要努力就能够得到的。孟子说,"求则得之,舍则失之,是求有益于得也,求在我者也。求之有道,得之有命,是求无益于得也,求在外者也",所以孟子对待天命的态度,更多的是从主观出发挺立起人的道德价值,这叫做"祸福无不自己求之者"。那么,人该如何正确对待命运?孟子说,"尽其心者,知其性也。知其性,则知天矣,存其心,养其性,所以事天也。夭寿不二,修身以俟之,所以立命也。"孟子告诉我们,在命运面前,做最好的自己,先修身立德,再等待命运的裁决。荀子反对孔子和孟子的命运观,孔子和孟子认为命运是一种无法改变的必然，但荀子认为命运就是一种偶然。人不必畏惧命运，更不必臣服于命运。他说"节遇之谓命"，命运就是一种偶然性，人是可以战胜命运的，这叫做"制天命而用之""人定胜天"，我们要做命运的主人而不是奴隶，让命运为人生服务。

墨子：相信命运就是偷懒

墨子从儒家逃出来成立类似黑帮的爱心天团，主张"兼爱"和"非攻"。别看他们一个个长得跟黑社会似的，但墨家学派爱心满满，主张爱天下所有的人。墨家崇尚人的力量，而不相信命运的存在，认为人类可以战胜一切。要是哪个诸侯国攻击别的国家挑起战争，破坏墨家的非攻法则，墨子就带着一帮雄赳赳气昂昂的弟子去揍谁。所以墨家更加相信人的力量，而不相信命运，认为相信命运就是给偷懒找借口。总之，在墨家的字典里只有力，没有命。

庄子：安之若命是最高道德

与孔子、孟子、墨子、荀子等积极进取的哲学家相比，庄子认为命运支配一切，无法抵抗无须抵抗，抵抗命运的人都是傻子。他说"不知吾所以然而然，命也"。庄子还编了一个故事，我估计主人公其实就是他自己。子桑子对自己穷困潦倒感到百思不得其解，最后给自己找了一个绝佳的理由，他说,"吾思夫使我至此极者而弗得也。父母岂欲吾贫哉?天无私覆,地无私载,天地岂私贫我哉?求其为之者而不得也。然而至此极者,命也夫"。父母总不至于让我穷困一生吧,因此,自己的贫困潦倒,都是命中注定。既然一切都无法改变,所以抵抗命运是完全徒劳的。

在庄子看来,人生就在于如何去掉忧心忡忡、去掉阴谋诡计、去掉无谓抵抗的过程,一切遵从自然法则,遵从命运安排,这叫做"乐天知命"。庄子认为,对待命运的真正态度在于,"知其不可奈何而安之若命,德之至也",把安之若命顺应命运当成人类的最高法则。既然人力无法改变,为什么不安之若素保持内心的宁静呢,所以"安之若命"是庄子也是道家达到心灵绝对自由"逍遥"之境的唯一法门。

知识链接

兄弟行辈中长幼排行的次序

伯(孟)是老大,仲是老二,叔是老三,季是老四。古代贵族男子的字前常加伯(孟)、仲、叔、季表示排行,字的后面加"父"或"甫"字表示男性,构成男子字的全称,如伯禽父、仲尼父、叔兴父等。

第二篇 超逸的道家

道家的快乐法则

从哲学上来讲,中国文化其实是乐感文化。儒家以建功立业为乐;道家以逍遥自在为乐;墨家以牺牲利人为乐;佛家以度己度人为乐。其中,最纯粹的还是道家的快乐之道,它追求生命的自足与圆满,追求灵魂的大自在和"独与天地精神相往来"的大境界。说到底,道家追求的是心的逍遥。而要让心无挂碍,那就要减少欲望,"不以物喜不以己悲",怀着平常心来,带着无牵挂的心走,大千世界,安静美好。

老子说,"故知足之足,常足矣"。知道满足的人,才能享受人生的快乐。人总是看着眼前的利益,但在老庄看来这就是傻。如果把人的生命看成是电光石火一瞬的话,我们就会发现,人生在世名利财物,其实都是身外之物。纵然你金玉满堂,总有"白茫茫大地一片真干净"的时候。对名利抱以一颗平常心,我们会拥有安然的快乐;对名利无限的追索,我们将累死在名利场上。所以老子告诫我们,"祸莫大于不知足,咎莫大于欲得"。

道家哲学的核心是"无为","无为"不是什么都不做,而是要能攻能守有为有止,有所为有所不为。庄子说,"无为为之谓天",用无为的态度去做事,叫做顺其自然,而为的标准就是自然规律。强扭的瓜不甜,而桃李不言却可下自成蹊,一切顺应自然的东西,都将水到渠成。所以,我们要随性随缘随自然,才能在得失面前看得淡然处之泰然。

老子是冷静如古井的思想家,他对名誉地位带给人心灵的异化特别警惕。人的快乐与烦恼,往往来自心理预期的变化。老子说,得到荣誉、遭受耻辱使人受惊,好像重病缠身一样。什么叫得到荣誉、遭受耻辱使人受惊呢?得到荣誉就是受到提拔、抬举,使人向上;遭受耻辱就是蒙受压抑、打击,使人向下。荣誉和耻辱无论来或去都使人心神不定,这就叫宠辱若惊。

老子告诉我们,人应该宠辱不惊,将天下视为身外之物,同时还要跳出自身的藩篱,真正以一己之生命献给天下,这样才是爱自己爱天下。所以,著名心灵鸡汤《小窗幽记》中说:"宠辱不惊,闲看庭前花开花落;去留无意,漫随天外云卷云舒。"

道家人生哲学追求心灵的富足,而不是拥有财富,用孔子的话说,就是"富贵于我如浮云"的态度。庄子丝毫不把贫穷的生活放在心上,当魏王问他为何贫困潦倒的时候,庄子说,其实贫穷和疲困是不同的,知识分子不能实现理想是疲困,而缺吃少穿那才叫贫穷,我只是生不逢时而已,足见其人生的豁达和对名利的淡泊。庄子告诉我们，思想的贫穷才是最大的贫穷，真正的富足是精神上的，而物质上的富足只能说明你是个有钱人而已。

人其实是很脆弱的动物，外界的一点儿风吹草动，都可能引起心的变化。遇到好事则狂喜，遇到挫折则丧气；得意则忘形，失意则失志。这在庄子看来就是不懂自然之道。因为在庄子眼中，世间一切都是"齐物"的，本质上没有区别。成功与失败一样，贫贱与富贵一样，甚至连生与死都一样。所以，庄子说，即使全世界的人都恭维我，我也不会因此得意洋洋；全世界的人都骂我，我也不会因此悲伤沮丧。我只要能清楚自身与外物的区别，辨别荣辱的界限，就会发现世界上的一切荣辱得失，不过如此。

人生起伏如潮水，有潮起的时候，也有潮落的时候，谁也无法阻挡；人生有高峰也有低谷，谁也无法改变。所以，在荣辱得失面前，得意不忘形，失意不失志，才是人生的最高境界。

道家的生死观

相对于倡导道德主义人文伦理的儒家，道家更具有哲学的高度，在探索人的心灵方面更为深刻也走得更远。生与死对人生至关重要，这是对每一个中国哲学学派来说，都需要去思考并给出答案的问题。

儒家重视现实即此岸生活，因为儒家并不认为在现实的世界之外，还有个彼岸的世界。虽然儒家重视祭祀，但并不意味着他们确定鬼神的存在，祭祀只是儒家强化尊天敬祖情感的仪式。儒家强调，生命的所有意义在于活出一段金光闪闪的人生，人活着意味着义务与责任，为国家社会为他人为自我的价值理想而奋斗。即使面临死亡，也要选择有价值地死去，这叫做死得其所。用司马迁的话说，要死的重于泰山，而不是如轻飘飘的鸿毛；用林则徐的话说就是，"苟利国家生死以，岂因祸福避趋之"，让死亡给自己的生命抹上闪亮的底色。

佛家认为世界本来就是虚空，人生来就是受苦的，正因为如此，人执着于此岸莫如去彼岸享受轮回之后快乐的来世生活。因此，他们并不看重生死，因为死不要紧，不过是在来世换了一个时间和形式而已。

中国文化儒道佛三家中，对人的生死观研究用力最深最多也是最深刻的，还是道家。老子的哲学落脚点基本上是以政治为主，他渴望教会统治者清静无为不折腾，如此"上无为，则民自化"，民自化则民性复归淳朴守一，如此则世界自清凉无事。而庄子则将老子的政治哲学全面深化为人生哲学。庄子所要探讨的是如何在一个兵荒马乱人情凉薄生命朝不保夕的世界，保持人的主体独立、心灵不被异化，从而获得精神上的逍遥无待的问题。从这个意义上来说，庄子将老子的哲学推进到了心灵哲学的层面。

既然庄子致力于拯救人的灵魂，那么他必将面对于人而言至关重要的问题——生命的起源是什么？生是什么？死是什么？如何处理好死与生的关系，在人生的最后一刻，我们将如何面对死亡。

关于生命，庄子提出了一个惊世骇俗的论断："身非汝有"，你的生命并非属于你的，它来自大自然的造化。虽然生命的诞生充满了偶然，但又存在着必然，这个必然就是道。也就是说，道赋予了我们以生命，因此道的意义就是生命的意义。

庄子告诉我们，大自然给我形体，用生使我操劳，用老使我清闲，用死使我安息，所以称善我生存的，也同样称善我的死亡。生老病死全是自然之规律，所以顺应自然之道安时顺世，才是我们对待生命的正确选择。

那么，我们又该如何面对死亡呢？

庄子的妻子去世了，庄子先是哭得很悲伤，后来又坐着鼓盆而歌。庄子是无情郎吗？显然不是。面对朋友惠施的批评，庄子说，自然之气聚在一起就形成了生命；散开就是死亡，生死不过是气聚气散风云流转，犹如花开花落月圆月缺，在道的驱动之下自然而然的过程，那么面对死亡，我又有什么可悲伤的呢。

庄子说"万物一也"，生与死其实没有区别。何止是生死，就是人们执着于心的富贵利禄是非荣辱同样也没有区别。这就是庄子的齐物论。庄子认为齐物是人们面对生活寻求解脱的灵丹妙药。

齐万物，让人宠辱皆忘；

齐是非，让人放弃争短论长；

齐生死，让人生不喜死不惧；

齐物我，让人不再汲汲于功名富贵；

齐人我，让人既尊重自我又尊重别人的选择；

齐吾我，让人忘记小我走向心灵逍遥的大我。

这六个"齐"中，最为重要的还是齐生死，因为只有看透了生死才能洞彻生命的本质，唯有洞彻生命的本质才能内心澄澈，才能走向无所待的逍遥之境。大智慧的庄子，用一句话就点明了齐物与生死的关系——"万物一府""死生同状"。"万物一府"是万物一体不分彼此，这自然包含了生与死的关系。"死生同状"是说生死没有任何区别。

通过庄子论证的过程，我们能清晰地发现庄子的生死观。

首先，庄子认为死生不过是气散气聚的过程，是自然而然的法则。

第二，庄子认为人生于天地间如"白驹过隙，忽然而已"，从绝对的时间来看，彭祖的八百岁与朝生暮死的菌类一样，长寿与短寿也没有任何区别。

第三，生与死不过是大道循环而已。庄子说"生也死之徒，死也生之始"，生命乃是一种超越时空的永恒存在，它是连续的生生不已的。生是生命的显性状态，死乃生命的隐性状态。因此生是死的延续，死是生的开始。

在这个基础上，庄子提出了"死生如昼夜"和"死生无变于己"的论断。生死就如同白天与黑夜一样自然，因此面对生死的正确态度是，既不悦生也不畏死，活着就要开心，死了就放心而去，没有什么值得焦虑的事情。

对于人生，庄子绝对是悲观主义者。他看到的是文明对人性的异化，人类为了仁义道德与富贵利禄而蝇营狗苟，从而丧失了生命的本真。庄子说，"小人则以身殉利，士则以身殉名，大夫则以身殉家，圣人则以身殉天下"。

人为了利益名誉，不惜生命去追求虚幻的东西，这是对生命本身的极大误解与浪费。不知不觉间，人们戴上了黄金枷锁，在仁义道德的刀尖上艰难行走。被物束缚灵魂不得解脱，这是一种痛苦的状态。而真正的哲人会放弃一切世俗的追求，无待于外无己于内，方能达到精神的逍遥。

事实上，无待于外不可能，人永远无法摆脱物质的束缚，但精神却可以游于九天之外。人如果能够抛弃一切世俗的想法，就能实现"无己于内"，抛弃对生的留恋与死亡的畏惧，就能实现无待从而获得人生的解脱。

庄子曾经与骷髅对话，骷髅说死亡是比南面称王更快乐的事情；庄子也曾经评价朋友子桑户的死亡，他说死亡是人生的彻底解脱。

庄子有抑郁症是有自杀倾向者吗？显然不是。纵然贫困潦倒，庄子依然于漆园自得其乐，依然在濠河的春天里怡然自得。他不厌世，相反，他对这个世界爱得深沉。正因为他深爱着这个世界,他才决心做一个拯救人类精神沦落的布道者。

人唯有突破生死才能真正实现"无己",而"无己"是逍遥的根本条件。因此庄子并不倡导自杀,他本人也绝不会自杀,他只是告诉我们:对待生死要像看日出日落花开花谢一样自然。"死生命也",而对待命运的正确态度是"知其不可奈何而安之若命"。

既不悦生恶死,也不悦死恶生,放下生死执着,方能达到逍遥之境。

知识链接

五谷

古代所指的五种谷物,有多种不同说法,最主要的有两种:一种指稻、黍、稷、麦、菽;另一种指麻、黍、稷、麦、菽。两者的区别是:前者有稻无麻,后者有麻无稻。古代经济文化中心在黄河流域,稻的主要产地在南方,而北方种稻有限,所以"五谷"中最初无稻。

做减法的人生

如果说儒家是人生催化剂的话,道家就是人生清醒剂;如果说儒家是教人做生活的加法的话,道家就是教人做减

法给心灵减负。狼奔豕突的社会，外表堂皇内心慌张的我们，已经习惯了做加法甚至是乘法，而不知道给心灵做点儿减法。如何让内心不再慌张，就要学学道家的减法哲学。

老子说，"功遂身退，天之道也"。一件事情做成功了，就要懂得含藏收敛，这是符合自然规律的事情。花开最好之时，会有落花满地的时刻；月圆的时候，就是月缺的开始。不如意是人生的常态，圆满才是人生的偶然。在成功时，懂得收敛和自我保全，这才是功德圆满。所以，知进为勇知退为智，知进知退知行知止，则万事不殆。

在老子看来，人生应该是清冷的，而不是狂躁的；心灵应该是清醒的，而不是迷狂的。保持心灵适当的温度，才是人生的智慧之道。"躁胜寒，静胜热，清静为天下正"，用现在的话说，运动可以抵抗寒冷；但在天热时心静自然凉。老子把这个自然现象引申到人生和政治治理领域。过清醒的人生，就是要清心，因为心是人生的主宰，只有心明朗清醒起来，人生道路才会享受无边的清凉。为人做事时时摆正心态，不过分要求自己，自然会感到幸福。这就是"清静为天下正"。

儒家追求内圣外王之道，而道家却完全相反，道家哲学追求无为清静。在这个逻辑下，道家人生最高境界就是"致虚极，守静笃"。老子认为，人若能恪守清静无为，就可以在无限的虚空中体悟大道，达到与天地一体的境界；人若能守住虚空，则头脑清醒，不会去追求那些事后看起来毫无意义的东西。人生的痛苦之处就在于，我们往往倾心于开始，而后悔于结局。而人若能站在结局处透视人生，我们的人生将会大有不同。

"善为士者，不武；善战者，不怒。"人的烦恼往往来自对外界事物和人的斤斤计较。就像两个绝世高手比武一样，一方总是想方设法惹怒对手，好让对手自乱阵脚。真正的大勇不是怒发冲冠以头抢地，而是保持心静如水的状态。换句话说，随便你怎么激怒我，我始终冷静清醒不为所动，你奈我何？

中国文化中有一种寡欲甚至是禁欲的倾向，这在道家哲学中表现得极为明显。在无为哲学的逻辑下，道家更注重内心的清静平和，要人们多做一些心灵的减法，让心灵更加敞亮。对于财富和地位，道家同样保持一种警惕的心态。所以老子说"金玉满堂，莫之能守"，就是从反面证明我们要知足常乐；佛家说"境由心造"，就是要求我们保持一颗平静的内心。

心大了，世界就大了！

道家的人生最高境界

中国文化是追求人生道德境界的哲学。儒家希望达到尧舜禹那样的人生境界；道家的老子很天真，他人生最高境界是成为婴儿；庄子是追求精神绝对逍遥自由的哲学家，他想成为至人、神人和圣人,因为只有他们才能达到逍遥境界;佛家则希望成为实现涅槃的佛。

达到这些境界,主要靠道德和精神的修炼,靠人生智慧的提升,而哲学就是提升人生智慧的学问。所以冯友兰先生说,中国哲学是帮人提升道德、提升人生智慧和境界的学问。

老子的人生二境界

老子哲学的核心是自然,在他眼里,自然就是大道。人要提升境界,必须师法自然,走自然而然的人生道路。所以,老子追求的人生的第一个境界是自然境界。老子说,"人法地,地法天,天法道,道法自然"。人类社会和天地之间的风云雷电、山川河流一样,都遵循自然规律,而人的任务就是脱离世俗和功利的人,与自然合而为一,达到自然与精神、身体与灵魂完美融合的境界。人到了自然境界,人的自然本性就能与天地自然本性合而为一,恬然而自由。在这个境界中,人与自然不再是对立的,而是生于自然归于自然,人生达到了与天地同在的自由和愉悦。

老子的第二个人生境界是婴儿境界。婴儿在凡人的眼中是可爱宝宝,而在老子的眼里却代表了人至真至纯的境界。用老子道法自然的哲学来看,婴儿凝聚了人类所有的美德和精神追求。因为婴儿没有受到人世的污染,一派纯真之色,就像一张无瑕的白纸,没有烦恼没有机心没有功利。而人一旦长大有了欲望,就有了机心;有了机心,就失去了自然而然的本性,也就是说人被社会异化了。

老子说"恒德不离,复归于婴儿",他提倡人们要修炼道德以回归到婴儿的状态。老子倒不是希望人都退回母体,重新做回婴儿,而是说要通过修炼身心道德和智慧,达到纯真纯粹无功利,天真烂漫、不假人为,自然而然、无欲无求的人生之境。

用明朝思想家李贽的话说,"若失却童心,便失却真心;失却真心,便失却真人。人而非真,全不复有初矣"。若不能像婴儿一样保持一颗童心,我们就只能在这个世界上虚假而痛苦地活着,这在老子看来,是人生的悲哀。

庄子的人生三境界

庄子是道家思想的集大成者,他提出了物化、逍遥和无待的人生三境界。

第一个是物化境界。庄子讲过一个美丽的故事,说在梦里梦见自己变成了蝴蝶,梦醒之后庄子搞不清楚到底是自己在梦中变成了蝴蝶,还是蝴蝶在梦中变成了他自己。这是一个意味深长的隐喻。人到底是什么?我们到底是谁?是独立于自然还是本就是自然的一分子?庄子告诉了我们答案:"周与蝴蝶,必有分矣,此之谓物化。"物化的意思是,庄周和蝴蝶在本质上是没有区别的。按照庄子齐物论的观点,我们没有必要非得分清楚是蝴蝶还是庄周,因为在庄子看来,物与人、生与死、醒与梦没有区别;人与自然、自然与人也没有区别,人生的大境界就是取消了人与自然、人与物之间的差别,从而进入一种物我相忘、物我一体的境界。

我们不妨听听著名庄子研究专家陈鼓应先生的说法:"蝴蝶翩翩飞舞,遨游各处,不受空间的限制,它悠游自在,不受时间的催促,飘然而飞。没有成规的制约,也无戒律的重压。同时,蝶儿逍遥自适于阳光、空气、花朵、果园之中——这象征着人生如蝶儿一般活跃于一个美妙的世界中。并且在和暖的阳光,新鲜的空气,美丽的花朵以及芬芳的果园之间,可任意的自我吸收,自我选择——这意味着人类意志的自由可现。"

第二个境界是无待境界。人生的痛苦在于无法完全自由。你必须追求什么,必须依靠什么。你有功利需求,你得追求功名利禄。而人一旦有了功利心,就意味着戴上枷锁,哪怕是金光灿灿的王冠。这种困境在庄子看来是"有待"。既然是"有待",人生就不自由。庄子说那些受君主赏识、民众尊敬的道德人士,其实并未跳出世俗的世界。

在《庄子》中,宋荣子固然能做到"举世而誉之不加劝,举世而非之而不加沮",也不过是浮世中沉浮博得虚名而已。列子基本上是个神人,但他在天上也只飞十五天就得下来;大鹏鸟更牛,但没有风飞不起来,这都是有所待的不自由。真正的自由是"无待"的,身体不受羁绊,灵魂没有樊篱,是一种无名、无利、无我、无心的境界。

逍遥境界是庄子人生的最高境界。逍遥是"无功无名无己",是彻底消除了人内心的限制,消除了外力的拘束,人顺应着自然法则与天地同在,灵魂自由自在地遨游于九天无穷之境。庄子不追求名利,你要和他说,庄子我是你的粉丝,庄子肯定立马逃走,因为庄子把名利当成人生自由的枷锁,而人只有做到了"无己",才能做到真正的自我。

一个无功无名、无欲无求,心灵充分自由的人是世界上最可怕的人,他已经"无功无名无我"了,你还要怎样,你又能怎样?既然社会和自然都无法限制那颗活泼泼的灵魂,那人就达到了最高的人生境界,逍遥!

心静则安

人是不由自主地来到世界上的,没有人同我们商量,我们就来到了人间。所以,从呱呱坠地开始人生就是不自由的。而人的终极理想偏偏是寻找自由,这是人生的终极命题。哲学的任务,就是让我们在这个不自由的世界里寻找自由,恰如诗人所说,"黑夜给了我黑色的眼睛,我却用它来寻找光明"。

事实上,绝对的自由是不存在的,我们能做的就是在滚滚红尘中戴着镣铐,在人生的刀尖上舞蹈。有的人不堪其痛倒下了;有的人以痛为乐坚强地挺立起人生。尼采说"每个不曾起舞的日子,都是对生命的辜负",用心舞蹈,把握好每一个即将逝去的当下,是生命的要义。

总的来说,中国文化是辩证和谐包容的,既有"达则兼济天下"的动,也有"穷则独善其身"的静;既有居庙堂之上的人生理想,也有隐于江湖的心灵家园。一动一静亦动亦静,是中国文化美丽的底色。

毫无疑问,道家是主张静的,但儒家和佛教也提倡"静以修心"。道家有"静修""静字诀",佛教有"止观""禅定",儒家也强调"慎动""虚静无欲"。看来,以静观心以静治心,是过一段静美生活的不二法门。

清心的生活,可以让身心俱疲的你,抖落身上的尘土,擦除心中的雾霾,放下一些功利,多一些审美;少一些心机和算计,多一些淳朴和自然,过一段淡雅审美的生活。

静心则无敌。儒家是火炉,道家是冰雪。火炉让你温暖;冰雪让你清醒。在这个高速旋转如陀螺的时代,我们已经狂躁得发烫,茫然得心慌,既然如此,不如学老子的冰雪智慧,去清静一下内心。

"致虚极,守静笃"。心静,你可以倾听清晨鸟儿的情歌和春草拔节的幸福;听到风声和雨声的浪漫呢喃;听到大自然美妙的天籁和灵魂的呼唤。心不静,则满耳充斥着咒骂、吵闹以及大街上刺耳的噪声。人何苦为难自己,我们本来可以很幸福,只要静心就好。所以老子说,"躁胜寒,静胜怒,清静为天下正",人如能心静如水,则万物不侵。你若能以静视物以静观心,则我静故我在。

心静要学会知止。儒家和佛家同样提倡过静心的生活。《大学》上说,"知止而后有定,定而后能静,静而后能安"。心静就要求我们行所当行、止所当止。人生应该有"天行健,君子以自强不息"的勇往直前;也应该有"地势坤,君子以厚德载物"的宽容与安静。

在世界上奔跑,灵魂也有疲惫的时候,需要停下来慢下来,等等自己的灵魂。中国禅宗六祖慧能说,"心地无非自性戒,心地无痴自性慧。心地无乱自性定,不增不减自金刚"。人若能沉心静气,不拘于名不囿于利,不乱于情不惑于心,心静则灵魂安稳,美梦悠长香甜。

心静还要懂得时与位的关系。《易经》常教人知止的智慧,这部中国最早最深邃的哲学经典认为,人生最大的智慧是遵守时与位的规律。时机来时往前冲,时机不好且罢手。风起,落叶的舞蹈是一种壮美;风住,在满地落叶的花园小径寻找诗意,也是生命之静美。

心静就要少一点儿欲望。道家哲学是静心的减法哲学。老子认为,"少则得,多则惑""为学日益,为道日损",学习应该天天向上,但学道就应该清空自己,不让过多的欲望占据心灵,多一点儿不一定好,少一点儿不一定坏。静的作用在于荡涤心灵安顿灵魂,在于找回六神无主的内心。心回来了身体就放松了,所以静可以"全真保性",可以"养生"。用庄子的话说,"阴阳和静鬼神不扰""静默可以补病"，心静则灵魂无纷扰，灵魂无纷扰则身体少疾病，人生至乐莫过于灵魂得自由和身体没毛病。

虚可以致，静需要坚守。"致虚极守静笃"，是老子提出的静修养性的六字诀。"致虚极"就是努力让自己达到虚空的境界，唯有虚怀若谷，方不计得失；唯有虚怀若谷，方可宽宏大度，容人之过不责于人。"守静笃"就要突出一个"守"字，专心致志地守着那个静字不放，集中精神心无旁骛。用南怀瑾先生的话说，就要学习母鸡孵蛋的精神，无怨无悔地守住那个蛋。对人生来说，静同样是宝贵的金蛋，需要我们终其一生用心守护。

人生柔道

老子是中国哲学家中最具智慧的人，连儒家学派的创始人孔子，都千里迢迢地带着大雁作为礼物，向老子学礼。老子倒是很看重这个好学的年轻人，经过三个月的学习，孔子系统掌握了老子传授的周礼，最终成为周礼的大师。

孔子和老子的思想是不同的。孔子追求入世，在人生的舞台上积极进取创造一番事业；而老子追求无为，认为世界是按照一定规律运行的，你不要妄图用世俗的、功利的行为去打扰它，即使打扰了也没有用，因为道法自然。

老子对人生看得很透彻。他的人生哲学，是建立在道的基础上的，是以"无为而无不为"作为人生的总观念和价值观。无为而无不为的思想，在今天这个纷繁复杂的社会，对今天外表风光内心彷徨的我们，不啻为一剂清醒剂，他教会我们如何清醒地看待人生，如何让内心不再兵荒马乱，找到一片心灵宁静的港湾。

每临大事有静气。人生要顺应大势，在无为中寻找有为之道。老子哲学的核心是无为，这个"无为"，我们不能译成没有作为，或者是误解为无所谓，这样的话，老子就是一个非常消极的人。事实上无为的实质是有为。我们要按照天地之间的客观规律去做事，而不是去胡乱作为，这就是无为的核心精神。在人生中，我们不妨静下心来，认真体察规律和社会大势，然后再相机而动一击成功，这就是无为而无不为的精髓。在诱惑中保持定力，在机会来临时动若脱兔，这就是每临大事有静气的境界。

身体要练灵魂要哄。老子说，"圣人之治，虚其心，实其腹，弱其志，强其骨，常使人无知无欲，使夫智者不敢为也"。老子主张静心，因为心浮气躁则越做越错。人做的事一多就会烦，情绪一多就会乱，当大事之时应该让自己冷一冷静一静。

老子说的"虚其心"，是让心回到清虚无为的状态。老子说"实其腹"，是指满足身体需要，从而把灵魂哄得也很开心。当然，老子并不是让我们胡吃海喝，非要喝个天昏地暗吃出个"三高"来。老子所说的满足身体的需要，是一种最为朴素简单的需要，最重要的是平心静气，因为只有心灵的宁静，你的身体才会迸发出无穷的力量。

得意不忘形，失意不失志。老子人生哲学是精辟的辩证法哲学。老子像个冷静的智者告诉我们，事物的发展是矛盾对立的，我们要认识到祸福相依、万法自然的道理。塞翁失马的故事告诉我们，人生很多时候会因祸而得福，或因福而致祸，有的人是因利而受害，有的人是因害而获利。

所以，我们得意不要忘形，像孟郊那样"春风得意马蹄疾，一日看尽长安花"，这就是没有风度的嘚瑟；也不要在失意的时候感到万念俱灰，而是要学王维的"行到水穷处，坐看云起时"的达观与淡然；要像陆游那样"山重水复疑无路，柳暗花明又一村"的乐观与辩证。

懂得示弱的人才是真正的强者。道家提倡以弱胜强，柔弱胜刚强，以柔克刚才是人生的决胜之道。老子对水情有独钟，他从水的至柔而又无坚不摧的品性中，获得了人生的大智慧。"上善若水，水善利而万物不争，处众人之所恶，故几于道"。老子还说，"天下莫柔弱于水，而攻坚强者莫之能胜，以其无以易之也，弱之胜强，柔之胜刚，天下莫不知，莫能行"。

这些都是老子柔弱胜刚强的理论，可以称之为"人生柔道"，我们要学习柔弱如水的不争之德，因为这是一种至善的品格，一种真正智者和圣人的品格。

进退自如，才能宠辱不惊。老子深谙进退之辩证法，他仿佛是太空站的宇航员，具有无与伦比的高度，他看事物是全面的，既看到人生的正面，也看到人生的反面。"金玉满堂，莫之能守；富贵而骄，自遗其咎。功成，名遂，身退，天之道"。拥有无边的富贵，有时候带来的却是滔天的祸患。

西汉的邓通，受到皇帝宠爱，竟然获得了铸造钱币的权力，富可敌国，最终却被活活饿死。所以，老子告诉我们，居富贵而不骄，功成应知身退。当然功成身退说的是一定要成功了之后，才能退隐。你的事业没有做成功就退隐，那是一种消极的人生。因此，功成身退其实是一种积极的人生态度，一种崇高的生命境界。

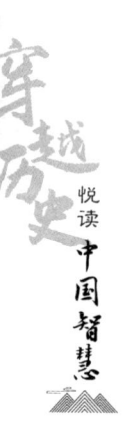

知识链接

殿试

科举制最高级别的考试，皇帝在殿廷上，对会试录取的贡士亲自策问，以定甲第。实际上皇帝有时委派大臣主管殿试，并不亲自策问。录取分为三甲：一甲三名，赐"进士及第"的称号，第一名称状元（鼎元），第二名称榜眼，第三名称探花；二甲若干名，赐"进士出身"的称号；三甲若干名，赐"同进士出身"的称号。二、三甲第一名皆称传胪，一、二、三甲统称进士。

道家教你如何做选择

人类最恐惧的其实不是死亡，而是未来的不确定性。当人处于十字路口，不知道风向哪儿吹；不知道烟云笼罩的地方，是坦途抑或是荆棘；当人生迷茫不知道未来会怎样的时候，人就会陷入焦虑和迷茫之中。古往今来均是如此，所以有杨朱临歧路而泣，阮籍途穷恸哭而返。

哲学家的任务就是在纷繁复杂的不确定性当中，替我们作出选择，因为哲学是能给人带来智慧的学问。

在道家哲学家老子看来，宇宙人生是不确定的，唯一能确定的是"道"。而人道与天道都处于宇宙万物的总规律之中，"人法地，地法天，天法道，道法自然"，因此，人生的选择就要遵守"道法自然"的规律。

"道"的提出，可能是出自偶然。很可能是老子在一个十字路口，看到了未来的不确定性，而提出了"道"的哲学。因为甲骨文中的"道"字就是一个人处于十字路口的形象。往东还是往西？南下还是北上？这是一个选择的问题。

当人生有太多选择的时候，我们反而很难决定，这也是人类焦虑存在的根源。在哲学的十字路口，老子体悟到，"道"是模糊的不确定的。所以老子说："道可道，非常道；名可名，非常名。"道是混沌而无法言说和把握的。这是老子对经验生活的纯抽象总结——十字路口的不确定性被抽象成了无以言说的宇宙人生的总规律。

在世事复杂人生的十字路口，我们该如何做选择呢？

老子说，一切以"道法自然"为准。"自然而然"是我们做人生选择的方向标。

从现实来说，当我们在一个陌生的十字路口，我们该往哪儿走？按照中国传统文化的阴阳五行学说，东属于阳属于左，西属于阴属于右，南北亦是如此。因此，有人认为，往东走、往南走是一个较优的选择。

但人生并不完全是行走方向的问题，还涉及价值观、人生取舍的问题。道家智慧又将如何指导我们的人生选择呢？

按照老子"无为""守柔"和"不争"的总原则，我们要选择柔的一面。也就是说，当需要在刚与柔中做选择时，选择柔。

老子用舌头与牙齿为我们做了绝妙的比喻，牙齿刚则先落，舌头柔得后存。柔软的东西其实最坚强，所谓"何意百炼钢，化作绕指柔"。

在老子看来，柔软的东西总是充满着生机与活力，柔软的人总能获得先机。大丈夫如韩信，能在流氓的挑衅之下选择了忍受胯下之辱，假如他仗剑而起，恐怕早已经被群殴致死，哪里还有叱咤风云的淮阴侯。因此老子语重心长地告诫我们："柔弱胜刚强"，而"强梁者不得其死"。

当需要在争与不争中做选择时，选择不争。老子说，"夫唯不争，故天下莫能与之争"。当你清心寡欲淡泊名利之时，你不想不屑与人争权夺势，你对别人没有威胁，自然就没有人把你当成竞争对手而防备而打压，你可以韬光养晦积累力量，时机成熟时绝地反击，则大事可成。

在老子守柔哲学的基础上，我们面对先后的时候就很容易作出选择了。老子把"后"当成人生的大智慧和座右铭，他说："吾有三宝，持而保之，一曰慈，二曰俭，三曰不敢为天下先"，正是"不敢为天下先"，才能保存自己。出头的早已经被打死了，因为枪打出头鸟；挺立于树林的树木，先被风吹倒了，因为"木秀于林风必摧之"。

在进与退的问题上，选择退。因为"功遂身退，天之道也"。老子的哲学中充满了高超的辩证法智慧。老子指出，任何事物都有其相对的一面，如有刚就有柔，有祸就有福，有进就有退，而事物总会发展到自己的对立面，如福会变成祸，成功会走向失败，得意之极必有祸殃。

当你处于人生的顶点，再往前走就是下坡路了，所以在人生的进退问题上，老子教导我们功成名就之时，学习范蠡带着西施泛舟五湖烟海；学习张良在功勋卓著之时隐退江湖，才能优哉游哉全身养性。

总之，人生道路上选项很多，但若能恪守老子的"不争""无为""守柔"的三大原则，就能在滚滚红尘中选择清心寡欲；在世事纷繁中选择冷静隐退；在人性的倾轧中选择以柔克刚。

老子的八大人生智慧

相对于儒家孔子的以人伦道德为本的哲学来说，道家老子的"道法自然"，是自然主义的人生哲学。

老子将"道"作为宇宙万物、社会人生的起源和总法则。"道"虽无味无色无形，但"道"却决定了宇宙万物，是一切运行的动力与法则。山川河流如是，社会人生亦如是。

在老子看来，挑战自然是不祥的，而违背自然准则的人生，也必将失败。老子人生观的核心是灭掉内心的不当欲望，清除加在人身上一切后起的东西，回到天与人、自然与人、人与人以及人与自我普遍和谐的状态。因此，老子提出了人生修养的八大方法，读懂了这些，我们的人生将不再慌张。

第一，人生当如"清水出芙蓉，天然去雕饰"。老子认为，人生当纯净如一张白纸，因为世界的本来面目就是素净淳朴的，是自然而然的。老子反对所谓五彩缤纷的生活，因为在他看来，"五色令人目盲，五音令人耳聋，五味令人口爽，驰骋畋猎，令人心发狂，难得之货，令人心妨"，他追求的是一种"见素抱朴"的生活境界，"素"乃纯净，人生不为五色所惑；"朴"乃朴实无华心地纯厚，不为人生悲欢离合荣辱是非所扰。以素面示人，用素心朝天，过一种"清水出芙蓉，天然去雕饰"的生活。

第二，要学会"虽有荣观，燕处超然"。私欲与抱朴是水火不容的，既然人生要追求见素抱朴的生活，那么就应该要遏制并消减欲望。所以老子提出了"少私寡欲"的人生哲学。老子说"罪莫大于可欲,祸莫大于不知足",把欲望当成人生失败的罪与罚,这是对人生的一种极为深刻的观察与体认。老子告诉我们,当你祛除了人生的不当欲望之后,你就能淡然地对待成败是非,如此就可以"虚其心,实其腹,弱其志,强其骨"。

第三,人生当以清静无为为上。清静无为是道家哲学的核心。老子说,"不欲以静,天下将自正",清静可以正天下,当然也可以正人正己。"企者不立,跨者不行,自见者不明,自是者不彰。自伐者无功,自矜者不长"。老子告诉我们,踮起脚跟想要站得高,反而站立不住;迈起大步想要前进得快,反而不能远行。自逞己见的反而得不到彰明,自以为是的反而得不到显昭。自我夸耀的建立不起功勋,自高自大的不能做众人之长。老子总结说,从道的角度看,以上这些急躁炫耀的行为,只能说是剩饭赘瘤,因为它们是令人厌恶的东西,所以有道的人决不这样做。一味追求有为,往往只能将事情弄得更糟,因为"道恒无为而无不为",人生首先要静下心来沉淀自己,找到合适的方向,做正确的选择再出发,而不是愣头愣脑的有为而至于乱为。

第四,上善若水为而不争。痛苦来自欲望,欲望让人与人之间起争斗,而老子认为人生之恶就在于人与人之间的恶斗。老子崇尚水,说"上善若水",因为水的特性就是"利万物而不争"。老子更是把"为而不争"当成了圣人的处世之道。从正面来说,不争是为了利天下利万物;从反面来说,不争其实是一种生存策略。因为"夫唯不争,故无尤",你不去与别人争,自然就没有忧患;因为"为而不争,则天下莫能与之争",你将是笑到最后的人。

第五,要有"不私反能成其私"的胸怀。不要想着什么都占为己有,要有功成不必在我的宽大胸怀。要善于帮助别人并不求回报,工作有成绩也不独贪功劳,你的无私能换来更大的利益。所以老子说"因其不为私,反能成其私,不为大,反能成其大",这一点与孔子的"己欲立而立人,己欲达而达人"的人生哲学有异曲同工之妙。

第六,柔弱胜刚强。老子喜欢一切柔软的东西,摒弃一切坚硬刚强的东西。他说"柔弱者生之徒,坚强者死之徒",刚强易折,而柔弱则能常葆生机。婴儿是柔弱的但充满生机,人僵硬的时候,那就是快要死了;树木活着的时候是柔软的,而死了就干枯了;流水是柔软的,却能够战胜一切阻碍。因此,有时候守柔示弱并非耻辱,而是发展的长期战略。

第七,要学会居上谦下。这一点与《尚书》中的"谦受益,满招损"是一致的,都是宝贵的人生经验。江海之所以汇聚百川,正是因为它善于居下;孔子博学多才,正是他坚信"三人行必有我师";杜甫成为诗圣,正是他践行了"转益多师是吾师"的人生信条。

第八,试着过"人皆取其实,己独其虚"的生活。对于自然界来说,唯有虚,方能容纳万物;对于人生来说,唯有虚，才能不计利害得失；唯有虚，才能容人之过；唯有虚，才能将人生的道路走踏实。

万事有不平，尔何心自苦

道家智慧用来治国叫"无为而治"，老子说"治大国如烹小鲜"，不折腾，给老百姓以生活发展的空间。而道家哲学更多是治理心灵的智慧，老子强调尽量减少欲望让心灵静下来，这叫"无为而无不为""清心寡欲"。

庄子则更加深刻，他认为万物齐一，生死贫贱、富贵是非一样，钟鸣鼎食与蓬门陋巷也一样。人与其汲汲于功名戚戚于富贵，不如寻求心灵的逍遥。庄子认为，人生最高境界是审美而不是功利，心灵应该逍遥而不该被拘束。人生而在世，我不依靠谁，谁也别依靠我，我们是偶然相遇的陌生人，你在与不在，你或忧或喜，我心里不起一丝波澜。

道家给我们的启示是，"万事有不平，尔何心自苦"。世界本来是自然而然的，你喜，自然不喜；你忧，自然不忧。我们就是自然中的一粒微尘，自然不会在乎你的样子。你唯一可做的，就是收拾好内心，因为在这个彷徨无措迷失的时代，能救你的只有心了。

顺道而为无为而无不为。道家哲学的核心是道，道是自然的最高法则。无论自然还是社会，都在道的支配之下。在庄子看来，道在瓦砾在屎溺，用禅宗的话说，就是"担水砍柴,无非妙道",道"如人饮水冷暖自知"。也就是说,自然无为的道是人生的准则。

自然之道在于无为,人生之道也在于无为。人生的种种别扭,往往来自刻意地追求,你越想得到某种东西,给你带来的痛苦就越多。文艺青年们都喜欢的王尔德说,人生有两大悲剧,第一是你得不到的东西,第二是得到的东西。无论得到与否,最终都是怅然若失。

人生其实就是浅浅的追求默默等待,就是春种一粒籽静待花开的过程。你追求的已经追求过了,她来与不来,并不妨碍你静待花开的心境。就如辛弃疾说"蓦然回首,那人却在灯火阑珊处",人世间最大的快乐,莫过于"踏破铁鞋无觅处,得来全不费工夫"撞上来的幸福。

天空没有鸟的痕迹,而我已经飞过。该记起的时候记起,该遗忘的时候遗忘,风起的时候我裙裾飞扬,风停的时候我心如古潭,让一切按照它的样子,自然而然吧。

宠辱不惊,闲看庭前花开花落。按照庄子万物齐一的哲学,你不必为自己取得成绩而沾沾自喜,也不必为打翻一杯牛奶而哭泣。

老子说,"宠辱若惊,贵大患若身"。我们为什么会被外界的声色犬马诱惑呢?是因为过多地考虑了身外之物,外物塞满了心里,拖累了身体,这让我们徒增烦恼。把身外之物看得轻一些,心灵的空间就会宽一些。倘若我们能够少些欲望,则天机更加深厚一些。少一些功利,多一些审美,不为物役，心灵达到万物无碍的境界。道家追求平衡与和谐，认为矛盾的对立与转化是自然常态。老子说"大成若缺，其用不弊。大盈若冲，其用不穷……清静为天下正"，最完美的东西好像有残缺一样。这就告诉我们，世界哪有完美之物，杨玉环很美，但据说有狐臭；林黛玉很好看，但据说有肺病；一个风姿绰约的美女，回到家里也许是河东狮吼。

包容不完美，接纳不完美，把不完美当成一种人生的常态，才是心灵的快乐之道。佛学上说贪嗔痴是人生的三火，让人沉沦于生死轮回，是人类恶的根源。追求完美的心态就是执着于贪嗔痴，是人类痛苦的渊薮。包容不完美，我们就会心平气和，心平则静气和则美，如此心灵宁静人生和美。

富贵于我如浮云，做个心灵富足的人。在道家看来，钱财与功名利禄乃身外之物，而富足的心灵才弥足珍贵。颜回很穷，但他傲视富贵，甘于在穷街陋巷之中自得其乐；庄子穷困潦倒被魏王讥笑，但庄子毫不在意。富贵容易烟消云散，而内心的富足与自在，却永远不会消失。心灵富足的人，处于富贵之地心情淡然；处于贫困之境，则不怨天不尤人，努力提升心灵境界，因为谁也挡不住照进心房的阳光，心安则世界一切安好。

得意不忘形，失意不失志。人生有"春风得意马蹄疾"的时候，你不必"一日看尽长安花"的嘚瑟；有"山重水复疑无路"的时刻，你不必日暮乡关穷途痛哭。成败得失祸福，始终是人心的试金石。人如何对待得失祸福，体现了一个人的境界。老子祸福相依的理论，其实告诉我们得就是失、失就是得的道理。

你今天高朋满座，明天可能门可罗雀；今天是红唇白齿的少年，明天却是鹤发苍颜的老翁；你今天起高楼，明天楼塌了；今天高门府第，明天荒烟蔓草，任谁也逃不过自然的法则。因此，完全不必得意就忘形，失意就失志，一切都是自然的造化。

真正快乐的人生，得不喜失不忧。得之我幸，失之我命。得失成败无非是人生长河中的一朵浪花，随风而去是它们的最佳归宿。

慎终如始善始善终。每个美丽的开始，都有一个可爱的天使；每一个结束，可能都有撒旦的影子。人生的开始总是美好的，我们有鸿鹄之志梦想鹤舞长天，但这需要强劲的翅膀，需要持之以恒的锤炼。世上多少人从最初的梦想变为妄想，原因就是未能慎始慎终善始善终，《尚书》上说，"靡不有初，鲜克有终"，就是这个道理。

美梦好做但实现很难。老子说，"民之从事，常于几成而败之，慎终如始，则无败事"。意思是说，人们做事情总是在快要成功的时候失败，所以在当事情快要完成的时候，要像开始那样慎重，就没有办不成的事情。从理想到现实，需要坚实的脚印，需要持之以恒的坚持。重视每一个开始每一个结束，让人生轨迹完美合围，形成一个美丽的圆。

做个藏器于身待时而动的人。老子说，"挫其锐，解其纷，和其光，同其尘，是谓玄同"，意思是说，去除人们的锋芒，解脱他们的纷争，收敛他们的光芒，混同他们的尘世，这就是深奥的玄同。

孔子拜访老子，老子说，太聪明的人容易招致危险，所以要节制，采取谨慎的处世态度。老子还告诉孔子，"君子盛德，容貌若愚"，那些才华横溢的人，都假装长得跟傻子一样，这样泯然于众人，才不会招致危险。而庄子说得更明白，"直木先伐，甘井先竭"。一个头角峥嵘的人，迟早是要吃亏的，因为木秀于林风必摧之。人要学会节制自己适当隐藏自己，这不是逃跑更不是避世，而在静待时机。在时机尚未成熟之时，努力提升自己，待到时机成熟，一飞冲天，一鸣惊人。

这就是《易经》中所说的，"君子藏器于身，待时而动"，也就是说，第一你得有器；第二你要藏锋隐锐蓄而不发；第三机会来时你要抓得住！

知识链接

四书

《大学》《中庸》《论语》《孟子》的合称。宋人抽出《礼记》中的《大学》《中庸》两篇，与《论语》《孟子》配合，至南宋淳熙间，朱熹撰《四书章句集注》，"四书"之名由此而定。此后，"四书"始终是我国封建社会正统教育的必读书和科举取士的初级标准书。

灵魂的香气

儒家是做事的智慧,道家则是修心的哲学;儒家对人生充满了期待,道家则对人生充满了怀疑。

儒家谈笑晏晏;道家冷笑连连。

儒家说人生奋斗才有意义;道家说人生的意义在于无意义。

儒家说"知其不可而为之"才是有价值的人生;道家说"知其不可奈何而安之若命"才是明智的人生。

儒家的人生是加法,道家的人生是减法。

儒家如朝阳初起红日照长空般的热烈;道家则像冰雪封冻皓月映千山的清冷。

中国文化就是如此奇妙,一冷一热、一进一退、一高歌一冷笑,两种智慧犹如冰炭同炉浑然天成,构成了中国文化冷暖两种底色。

在中国人的心中总是端坐着孔子和老子。人生得意时,学孔子修身齐家治国平天下,在人生的舞台上努力地唱念做打;人生失意时,学老子的清静无为清心寡欲,在五湖烟波中守着灵魂内观审视怡然自乐。

总之,中国人若无儒道思想,就不成为中国人,因为儒道思想孔老二人已经成为中国人心灵的图腾。

用老子的道家智慧看的话,人生就是在寂寞中的歌唱,是众人皆醉我独醒的寂寞,是"淮南皓月冷千山"的清寂。在现代人看来,相比较孔子的智慧,道家智慧更能击中我们柔软的内心。因为,在这个茫然的时代,你看到的远方,是抵达不了的远方,只有向内心深处追寻,才能找到灵魂的方向。

儒家是做事的,而道家是炼心的。宇宙万物、人生沉浮,一切都源于道,而人的道就是内心。心大了,事儿就小了;心小了,事儿就大了,幸福与否安然与否取决于你的内心。

人类是最贪婪的动物,因此人类也是最痛苦的动物。上帝将我们作为万物之灵长,同时也给了我们最致命的弱点,那就是欲望。因此,人类痛苦的根源来自欲求不满。老子深刻地认识到这一点,他说"知足者常乐,随遇而安"。真正的智者是灵魂最好的骑手,因为他可以驾驭欲望的野马。

痛苦来自欲望,快乐来自满足,而真正的满足并非物质上的所取所求,而是心灵上的自足。人若能于物质欲求减少一点儿,心灵富足就会增加一点儿,一加一减之间,人生就能得到大快乐。知足则会知止,人生就会俯仰无愧,灵魂才会怡然自得,如同夏日傍晚平静的河畔,"野渡无人舟自横"。生命若不系之舟,随风飘荡随遇而安,如此诗性之美,岂不是人生的大快活?

"为学日益,为道日损",老子主张过减法生活。需求与欲望减少一些,快乐就会多一些;功利少一些,诗与远方多一些;红尘滚滚少一些,心灵宁静多一些;索取少一些,得到会多一些。老子说贪欲带来迷惑,你贪的越多失去的越多,所以很多时候"失就是得,得就是失",抛弃一些尘世的烦扰,留下一片开阔的晴空,给心灵减负,然后安稳入睡,梦境香甜且幸福。能放下的人多为智者,"金玉满堂,莫之能守;富贵而骄,自遗其咎"。老子的话至今仍然醍醐贯耳,给我们无尽的思考。

"知足不辱,知止不殆,可以长久"。人生不仅要学会知足,更要学会知止。老子崇尚审时度势急流勇退的人生态度,不要等到你的力道用尽、招数用老到无计可施的时候,再黯然离去,那样只会带来落寞甚至是羞耻。因为老子告诉我们,盛极必衰月盈必亏。人生就是一个抛物线,若在顶点时知止,你就能避免下落的绝望。所以老子说"功遂身退,天之道也",此为知止的最高境界。

咄咄逼人,将逼死你自己。人生需要锋芒,否则将无人知道你的价值和存在,但锋芒太盛,将伤害自己也伤害别人。作为一种清静无为奉行"为道日损"的减法哲学,老子主张藏锋隐锐不要咄咄逼人,因为最终逼死的将是你自己。

所以古人说,外圆内方乃做人的大智慧。内心要做一个堂堂正正的方正之人,心底无私天地宽;外表要圆润而不圆滑,待人接物如"拂面不寒杨柳风",而不要像"八月秋高风怒号",卷去人家屋顶三层茅。藏锋隐锐就是给人留几分余地,让你和他人的人生道路,由小路变通衢。

糊涂一点儿,没有人会说你傻。人生之患在于太聪明,太聪明小则被人看穿,大则反误了卿卿性命。"大智若愚,大巧若拙",智者从来就是抓大放小的人,糊涂一点儿,对小事就放手，让它随风而去，对大事则真正重视。糊涂一点儿也是一种宽容的心态，对别人宽松一点儿，这才是人生的智慧之道，所以郑板桥说"难得糊涂"。学会了中国人的糊涂哲学，就会懂得中国人的处世之道。

两只耳朵一张嘴，人生就要多听少说。人总是有无限的表达欲望，但祸患又多从表达欲望开始，因为"病从口入，祸从口出"。曾国藩在家书中说，影响人生有两个因素，一是自傲，二是多言。多言生厌，多言招祸。孔子也说，"君子讷于言而敏于行"，人生不在于你说了些什么，而是在于你做了些什么。所以老子说"多言数穷，不如守中"。

人要学学"柔道"。道家是出世的哲学，崇尚以柔克刚。老子说凡是刚强的东西都是死亡的状态，人死了硬邦邦，树死了也是如此，凡是柔软的东西就可以长久。水乃天下至柔，但也是最坚硬的东西，所以老子说"上善若水"。因此，人生要学会一点儿"柔道"，对人对事如春风化雨，则天下至难之事，都可以"何意百炼钢，化为绕指柔"。

了解你自己。人最难的是了解自己，古希腊有"认识你自己"的智慧箴言，老子说得更加智慧，"知人者智，自知者明"，你要知道自己真正想要的是什么，如此才能止所当止、行所当行，进退无碍、心灵从容。

做快乐的傻子

庄子是中国哲学家中最遗世独立特立独行的一个,他傲视王侯轻视富贵崇尚逍遥,他摒弃世俗追求审美,是思索最深刻、精神最纯粹的智者。

在先秦的哲学家中,孔子汲汲于功名,追求人生价值的实现,"仁义礼智信"是他对人的规定和理想。孟子是个暴脾气,在王侯面前绝对是一副傲娇的样子,他追求大义凛然的大丈夫精神,崇尚仁政和实现王道理想。孔子和孟子属于此岸的哲学家,此岸即现在即世俗即生活,是现实理性的哲学。

庄子与老子属于彼岸的哲学家,彼岸即超脱即无为即清静自然即审美,是一种超越尘世、脱离文明、最好摆脱包括身体在内一切物役、形役的枷锁,心灵彻底自由无依无靠走向逍遥之境。从某种意义上说,儒家属于道德和伦理的学问,教人如何治理人生;而道家是治理心灵的学问,教人如何治理那茫然无措的心灵。

老子是人生的智者,他深刻地看到了人生和社会的反面,庄子则是一位超越人生的至人,他看到了人生和社会的内核。在庄子看来,人由物而化由气而生,也是自然的一部分,生于尘土归于尘土,人生无非是气聚、气散的过程。生时朝霞满天,死时落日灿烂,生与死无非是生命的不同阶段不同形式而已,死亡就是回归大道。所以当庄子的老婆去世时,庄子高兴地敲锣打鼓坐地高歌。"知我者谓我心忧,不知我者谓我何求",在俗世中沉浮的朋友惠施,显然达不到庄子的超脱境界,还骂庄子是个无情汉;连一向洒脱的明朝小说家冯梦龙都写小说来咒骂庄子。

"世人笑我太疯癫,我笑世人看不穿",庄子的思想无疑是超越于世界、超越于尘世的,他就像一个跑得太快的行者,前面是无边的寂寞,后面无人赶上。庄子显得如此的寂寞,而寂寞是哲学家的宿命。

人们都追求自由,美国人甚至说"不自由,毋宁死"。但庄子认为身体的自由是有限制的,真正的自由是取消一切依靠,取消一切功利,有时候甚至连有目的的审美都可以取消,达到无拘无束、无牵无挂、无滞无碍的逍遥之境。

按照庄子的想法,人生就像在一个大鱼缸中遨游,看似自由自在,但拘束无处不在;看起来很美丽,其实很悲哀。当人们还在赞美有情人相濡以沫艰难相爱的时候,庄子却冷笑一声说"不如相忘于江湖"。表面上的苦爱,实质上却痛苦不堪,爱其实不是手段,爱是目的,爱不是做给别人去看,而是两颗心紧贴在一起的温暖与安然,所以当你不爱的时候,不如一别两散各自生欢。

庄子就是这么冷酷,因为他看到的是人生中最深层次的东西,而我们也许只会看到表面的风光,却看不到内心的彷徨。

庄子哲学的核心是"齐物论",如果我们站得足够高视野足够宽的话，就会发现万事万物其实都是一样的，都遵从于自然大道，虽然形式上千差万别，但道的内核却异曲同工。所以西施的美和东施的丑一样；狙公给猴子的朝三与暮四一样；生与死一样；成功与失败一样。有的人钟鸣鼎食朱门大院，有的人一贫如洗食不果腹；有的人起高楼，有的人宴宾客，到头来却还是"食尽鸟投林，落得个白茫茫一片大地真干净"。

　　人生的苦来自欲望和对比，来自心的不自知，而离苦得乐，也是人类孜孜以求的理想。儒家说生命不息奋斗不止，

实现人生价值，这才是快乐；佛家认为人生本虚无，人生下来注定痛苦，唯有成佛才得快乐；而道家则认为"知其不可奈何而安之若命"，顺应自然大道虚空自己的心灵，才能得到快乐。庄子齐物论的观点给我们三点启示，按照这三条路去走，人生将会变得异常轻松。

得不喜失不忧，一切都是过眼云烟

按照庄子的"齐物论"，我们的生活就很容易了。《庄子·秋水》中说："得而不喜，失而不忧，知分之无常也。"庄子站在了人生的最高处来看人生，既然一切都齐物，当好运来临时，你不必手舞足蹈；当灾难临头时，你也无须哀愁忧惧，因为这就是生活的常态。

庄子的哲学是整体系统的智慧，事物的增长必然是另外一个事物的消减；快乐来了也许伴随而来的是悲伤滋长。你在这里得到的，必将会在另一处失去。因此我们要把得看得淡一些，把失看得轻一些，得与失存乎一心。心宽了，世界就大了，心静了，则人生处处桃花源。

莫让繁华遮望眼，心静则安

在庄子的哲学中，最重要的是"心斋"与"坐忘"，这也是他养生的学问，是走向人生逍遥境界的初步但最为关键的步骤。《庄子人间世》中说："若一志，无听之以耳，而听之以心，无听之以心，而听之以气。听之于耳，心止于符，气也者，虚而待物者也，唯道集虚者，心斋也。"意思是，心志专一，不用耳而是用心去体会，不用心去体会而是用气去感应它的作用。气是虚空而能够容纳万物的，只有大道能虚，人心能达到与道相合的虚空境界，这就是"心斋"。

"坐忘"又是什么呢？《大宗师》中庄子借颜回的话说，"堕肢体，黜聪明，离形去知，同于大道，此谓坐忘"。意思是，忘记自己的形体，消除自己的聪明，如此身心的束缚都被摆脱了，身与心与大道合而为一。这是一种很高的境界，我们很难达到，但我们可以学习这种让心放空的精神。

如何才能去除心灵的枷锁，求得一处心灵的桃花源呢？

按照庄子说法，就是去除心灵的枷锁，要知道眼前的繁华既非你所有，更非你一人之所有，适当将心放空，才能放飞自我，适当减少些功利，心灵才会达到审美的境界。

少一些心机，做个快乐的傻子

人类一思考，上帝就发笑。从某种意义上来说，庄子的哲学是反智的，因为按照庄子逍遥游的追求来说，人类有智慧就会有追求，有追求就会有所待，有所待就会让物欲塞满内心，如此就无法取消所待，带来生命和灵魂的不自由。

庄子认为人无所求，才能在淡然无味的生活中体会到生命的快乐。"巧者劳而智者忧,无能者无所求,饱食而遨游,泛若不系之舟,虚而遨游者也"。你有本事有技巧,但你一生劳碌辛苦;你有聪明有才智,但你一生忧虑恐惧。如果能忘记技巧和聪明,我们就可以无忧无虑自由地遨游,如唐人所说的"野渡无人舟自横"的自由自在。

因此,聪明人往往自以为是,愚笨人往往斤斤计较,因为他们的心被世俗和物欲所充满,无法容纳万物超然物外,因而人生是痛苦的。所以你纵然聪明,但你可以活得傻一些,傻其实就是平淡,因为"人间有味是清欢",只有平淡才能长久,才能在人生的咀嚼中保有悠长的回味。

多一些大道的纯真,少一些世俗的机心,做个快乐的傻子,这就是庄子教给我们的人生之道。

知识链接

百家争鸣

春秋战国时期是由封建领主制向封建地主制过渡的时期,新旧阶级、阶层之间的斗争复杂而又激烈。代表各派政治力量的学者或思想家,都企图按照本阶级(层)或本集团的利益和要求,对宇宙、社会以及万事万物做出解释,或提出主张。他们著书立说,广收门徒,高谈阔论,互相辩难。这样,在思想领域里就出现了一个十分活跃、后世十分少见的"百家争鸣"的局面。所谓"诸子百家"，主要有儒家、墨家、道家和法家，其次有阴阳家、杂家、名家、纵横家、兵家、小说家等。后人把小说家以外的九家称为"九流"。各家各派的文化思想，奠定了整个封建时代文化的基础，对中国古代文化有着非常深刻的影响。

去掉心奴

在中国古代哲学家中，对人性体察最细微深刻的，大概要算得上老子、孔子和庄子了。老子是那种于四野中茫然四顾、冷静审视世界的人。当人们孜孜以求功名利禄的时候，老子说要"无为而为"，要顺应大化自然之道，不要强行去做，因为顺着自然规律才是最好的，违背自然规律去做，那就是妄为。

孔子则是生活在人间的智者，他所有的智慧就是如何在一个不如意的世界中，努力做好每一件看起来有意义的事。一件事看起来很困难，但你必须得去做，否则将会碌碌无为。至于能否做成，那就要看命运，看时与势的配合，总之人生在世，就要拼搏，拼到无能为力，拼到感动自己，才对得起人的称号。

而庄子则是冷笑面对世界的哲学家。庄子认为，世界万物风云雷电与细雨清风一样,贫贱与富贵一样,甚至连生与死都不过是自然之气的不同表现而已。既然万物齐一,那么你为何还要做那些没有意义的事情呢?你追求闻达,但闻达的代价是人生的不自由。

庄子渴望自由自在的生活,他宁愿做一个在泥浆中打滚的快乐的乌龟,也不愿意去做披金衣绣的牛,因为人们把它打扮得漂漂亮亮,其实是要拉出去杀掉祭天的。你追求富贵,但富贵最终不过是一堆黄土而已,人哭着来,哭着走,在赤条条来去中什么也无法留下。

人生为什么会如此悲伤?因为心灵的不自由。要实现逍遥境界,就必须超越尘世功利,取消一切依赖。在庄子看来,我们追求的那些东西,就是一堆无用的垃圾,我们恰恰被垃圾所包围奴役,成为心的奴隶,而真正自由的人生,要"物物而不物于物"。

人生的过程,其实就是去除心奴的过程,如何去除心奴,做个灵魂无纷扰的人,孔子和庄子走了不同的路径。其实孔子未必不想做一个迎风奔跑的少年,做一个"采菊东篱下,悠然见南山"的隐士。孔子在失意的时候,曾想着"乘桴浮于海",像苏东坡一样,"小舟从此逝,江海度余生"。儒家从来都是有伟大使命感的学派,孔子不能那么做,但孔子仍然追求自由欢脱的生命,他对名利和财富采用一种淡然处之的态度。他说"富贵于我如浮云",得到灵魂解脱的方式是"克己复礼",尽量克制欲望,过一种有价值的生活。

庄子则认为这根本不足以去除心奴，因为有意义的生活本质上无意义，你有所求必然有所待，有所待必然身心不自由，所以庄子追求的是一种完全超越世俗的路径，叫做"物物而不物于物"的境界。

"物物而不物于物"，其实说的是一种"三无"的生活。无为乃真大为，无用乃真大用，心无所待人生才能逍遥。欲望太多，心会塞满；索求太多，容易失望；所做太多，可能只是引起人生苦痛的无用功。

王冠太重，脖子会痛，人生若能少一些欲望心机，多一些深入到灵魂的反思，反思一下我们到底需要什么，把不需要的放下，头也不回远走高飞。

野孩子和好孩子

庄子一生有两大追求，一是宁愿饿得头晕眼花，也要达到与天地合而为一的逍遥境界，达到灵魂的绝对自由；另外一件就是想着办法取笑孔子，因为擒贼先擒王，既然孔子是儒家学派的大BOSS，把孔子搞倒了，儒家学派自然就风紧扯呼甚至是烟消云散了。

庄子特别擅长讲故事，他的故事中，既有宏大叙事，也有让人笑成内伤的幽默，更有深沉的批判力量。他批判最多的就是孔子和儒家的仁义礼智信的价值观，"圣人不死大盗不止"一句话，就把孔子和儒家学派憋成内伤。

老子冷眼旁观像个饱经沧桑的哲人，一副我说的话你不懂、我懒得和你说的样子；而庄子则雄辩滔滔、惊世骇俗，不把你眼镜震落一地决不罢休。你不懂，庄子就说寓言给你听，这是很烧脑的事情；你再不懂，庄子就讲故事给你听；实在不懂，庄子就干脆直接骂人，相当爽快相当麻利。

庄子说"圣人不死大盗不止"，就是属于第三种，相当惊世骇俗，把儒家思想骂得一文不值。在反对儒家的思想家中，墨子算是一个毒舌了，而庄子比墨子更毒舌。墨子反对儒家重丧厚葬等思想，经常说那些从事丧礼的儒家弟子都是贱儒，是发死人财的人。但庄子敢说话，一上来就说"圣人不死大盗不止"，这简直对儒家是一种扒皮剥骨的抨击，把儒家最为崇尚的英雄圣人，说成和大盗一样。孔子要是知道了，肯定要说"是可忍孰不可忍"，而善于辩论的孟子要是知道了，肯定要和庄子辩论个天昏地暗不可，甚至以孟子"虽千万人，吾往矣"的大丈夫气概，把庄子痛扁一顿也未可知。

问题是，难道儒家欠庄子的钱？要么儒家弟子曾经欺负过庄子？不然，为何庄子如此"恶毒"地"攻击"儒家的圣人呢？

一个人说的话，总受到内心想法的支配。庄子的道家思想，是建立在继承了老子学说的基础上的。老子的道家哲学是一种自然哲学，认为支配世界、推进世界和人类社会发展的是不可违抗的自然规律，就是"道"。而道是无为的，你不要为自然划定一种标准，自然根本就没有标准，它只是按照自然而然的规律运行；你不要人为划定一种道德，在道家哲学看来，我们应该是在自然天地中无拘无束无忧无虑奔跑的野孩子，而不是被人为贴上了儒家的仁义礼智信标签的好孩子。

在道家看来，野孩子才是人的本真，好孩子就是对人性的桎梏和伤害。而圣人是什么？圣人就是儒家道德中的好孩子，是具有极高的道德修养甚至有些不近人情不食人间烟火的人，所以老子和庄子都认为，好孩子不如野孩子。因为，老子庄子都认为，当一个社会缺少什么，才会声嘶力竭地提倡什么，人类其实就是虚伪的花言巧语的集合体。当社会冷漠得像地狱的时候，儒家开始高喊"仁者爱人"让世界充满爱；当社会喜欢人前说好话背后砍一刀、玩儿阴谋诡计的时候，儒家开始高喊要讲"义"要"舍生取义"、要彬彬有礼；当社会秩序大乱的时候，儒家开始讲上下尊卑的礼仪。

老子和庄子都认为，这个世界被仁义礼智信给搞坏了，才来高喊仁义礼智信；当社会到处是都是盗贼，有偷东西的蟊贼，有窃取官位的中贼，还有连国家一起偷走的大盗的时候，才呼唤圣人。在庄子看来，这连亡羊补牢都算不上，这是故意搞坏了人心搞坏了社会，破坏了清静无为的自然和社会发展规律，这是傻，因为道家强烈反对"天下本无事，庸人自扰之"的很傻很天真的行为。

由此可知，儒家提倡的孝、悌、仁、义、忠、信、贞、廉等理念，根本就没有接触到人类的大道，而真正的大道就是，什么事情都一个样，你提倡这提倡那，一点儿用都没有，那些道德理念反而桎梏了人的心灵。

庄子的最高追求就是逍遥，追求一种与天地合而为一万事无所待的自由状态，所以，你老在庄子面前谈什么圣人，庄子不生气才怪，所以庄子才说"圣人不死大盗不止"，因为在庄子眼里，圣人和大盗是一模一样的。

《逍遥游》的四大境界

为何《庄子》的开篇就是《逍遥游》？因为《逍遥游》中寄托了庄子的人生理想——无所待。无论是谁，有所待的话，人生就无法达到真正的自由。庄子虚构了一个神奇无比的鲲鹏的形象。鲲鹏等风来、乘风起、逆风行，到最后如果能够取消对风的依赖，就能实现逍遥的境界。这深刻地揭示了一个人生哲理，我们往往有所待，这个待其实就是我们的欲望，但欲望既是让你起飞的风，又是束缚灵魂的枷锁，为了实现人生的大逍遥，我们必须放弃一些东西，因为用黄金打造的翅膀，注定无法飞翔。

因此，庄子的《逍遥游》，讲的不是鲲鹏的故事，而是人生境界的故事。狡猾的庄子，把人生四种境界藏在鲲鹏扶摇而起的故事中，让我们去细细品味。

人生的第一种境界是等风来。小鱼化成鲲鹏是需要条件的，当风起浪涌的时候，小鱼顺势而化，成为鲲鹏乘风而起，完成了生命中的第一次飞跃。人生亦是如此，在生命的旅程中，出发前你要带好行囊，你需要自我锻造，提升学识和能力，你需要父母朋友的关心与鼓励，你需要一颗蓬勃的野心，需要一种毅然前行的勇气，这样才能让你走得更远飞得更高。

人生的第二个境界是乘风而起。就像鲲鹏一般，风起的时候扶摇直上九万里，鲲鹏实现了第二次飞跃，从一只鱼儿成为遨游天际的鲲鹏。人生何尝不是如此，当机会来临时，紧紧抓住它，这样就能实现人生的飞跃。但这时候的你，是自由的吗？显然你已经陷入了更大的欲望之中。此时的你，就是野心的奴隶，一旦风停雨住，大鹏将会坠落；一旦机遇丧失，你将被摔得粉身碎骨，这就是人生的残酷和生命的脆弱。

人生的第三个境界是逆风飞翔。在《逍遥游》中，鲲鹏成为风的奴隶，风往哪儿吹，大鹏就必须往哪儿飞。看似逍遥自由，其实鲲鹏只是风手中的风筝和提线木偶而已。在人生的道路上，我们只能逆风飞翔。但这仍然是不自由不逍遥的。因为，我们仍然必须依靠这个社会，依靠我们的欲望和野心，而过多的欲望和野心，就像毒品，它让我们兴奋、抓狂最后疯狂。

人生的最高境界是无所待。庄子说大鹏没有风不行，就是那个学会了乘风飞翔的仙人列子，也只能在天上飞翔十五天。所以，鲲鹏是不自由的，列子也是不自由的，因为他们有所待。真正的逍遥和自由，是取消了依赖，我不再等待什么,不去依赖什么,身体和灵魂是完全自由的,超越了人世间一切的欲望与功利。手段就是目的,目的就是手段,人已经化为宇宙中的一切,实现了人生的超越,这就是人生的最高境界,无所待的逍遥境界。达到这种至高无上境界的,只有至人、神人和圣人,因为在庄子看来,至人忘记自己,神人忘记功利,圣人消除了称号。

这只是人生的一种理想,但事实上,生而为人没有人能摆脱世界,没有人能摆脱欲望。人生之路上,行囊装得太满,无法走得更远;欲望过多,灵魂无法起飞。所以,放手也是一种前行的姿势,是一种行稳致远的更佳策略,放弃也是一种进取。

庄子告诉我们,年轻时候等风来乘风起逆风飞翔,人到中年时,是该放弃一些东西。因为,有所待就不自由,无所待就会逍遥。

三条鱼的人生启示

庄子大概是最喜欢鱼的哲学家,他觉得自己很可能就是一条自由自在的鱼。庄子喜欢钓鱼,要是那时候流行给自己取号的话,我估计他应该叫自己烟波钓叟之类的名字。

庄子为什么这么喜欢鱼呢?我想大概有两方面的原因。

第一,鱼在天光月影、浮萍水草中自由自在地游弋,看起来很逍遥自在。而庄子追求的就是一种心灵无碍身体无拘的自由人生,这一点和鱼儿的生活状态很像,所以庄子经常想象自己就是一条鱼,就像一首歌里唱的那样,"一天到晚游泳的鱼啊鱼不停游"。

第二,鱼是庄子的饱腹之物。庄子精神很丰满,生活很骨感,基本上是吃了上顿没下顿的状态。问监河侯借米,监河侯说等我发财了免费送给你几千斤,庄子说我就是需要水的鱼,等你发财了我就成了臭鱼干了。所以庄子要想活命就得去钓鱼。钓鱼一方面是饱腹,另一方面也是逍遥自在的象征。中国文人喜欢渔父的形象,常常想象着自己是执一竿风月的渔父,这个形象大概就是从庄子开始的吧。

在庄子的著作中,出现过三条著名的鱼,代表了他游心逍遥的人生哲学,一条是化身鲲鹏的北冥之鱼;一条是濠梁之辩中快乐的鱼;还有一条是相濡以沫的鱼。这三条鱼其实也代表了人生的三种境界。

北冥之鱼:不要让物欲迷住你的眼睛

《逍遥游》讲了一条大鱼化身为鲲鹏遨游于九天的故事,但这条鱼是逍遥的吗?庄子说这条鱼其实并不自由,它必须依赖风,一旦没有风就得掉下来。因此,庄子说人生的痛苦在于"有待",你必须要依靠什么,你必须要追求什么。你追求人生价值,人生就被束缚了;你追求富贵,你可能终将死于富贵。人生而有欲,所以人就成了欲望的奴隶。

所以庄子说，人生痛苦的根源在于"物于物"，而真正逍遥的人生应该是"物物而不物于物"。人应当驾驭物而不是做物的奴隶。因此一段自由美丽的人生，就应该追求精神上的自由，追求灵魂的自足与诗意，而不是物质上的丰裕。

濠梁之鱼：用自己喜欢的方式活着

庄子与惠施在河边看鱼玩，庄子很羡慕鱼儿在水中自由呼吸自由生活，说你看鱼多快乐。而惠施是个辩论家和逻辑学家，是个出了名的"杠精"，他问庄子，你不是鱼，怎么知道鱼的快乐？其实，庄子与惠施根本就不是一路人，庄子说的是哲学，惠施说的是逻辑。庄子说鱼儿在水里的快乐，寄予了他的人生理想，人生应当逍遥自在。鱼儿的快乐，是因为它活在水里，换言之，鱼儿也只有在水中才是快乐的。

而人生亦是如此，人生有很多方式，但人生最终的目标是快乐。人生的痛苦往往来自身不由己，而人生最大的快乐，就是选择一种喜欢的方式活着，唯有如此，才能快乐自由。

所以，不必羡慕别人的生活，让你快乐的生活就是好生活。著名诗人卞之琳说："你站在桥上看风景，看风景的人在楼上看你。明月装饰了你的窗子，你装饰了别人的梦。"

相濡以沫之鱼:别让爱扼杀了你的自由

庄子讲了一个故事,有两条鱼被困在水里,快要渴死了,只好嘴对嘴用唾沫来相互湿润。这看起来很浪漫很唯美,但庄子说,"相濡以沫,不如相忘于江湖",与其这样艰难地活着,还不如游入大海相忘于江湖。

人生的困境在于有爱,元好问就感叹,"问世间情为何物,直教生死相许",爱情是浪漫的,但有时也是残酷的,人世间充满了以爱的名义而发生的悲剧。庄子的哲学是"无待",而纠缠于爱的悲欢离合就是"有待","有待"就无法逍遥,这就是爱的代价。

在庄子看来,既然有些爱让人窒息,为何不一拍两散各自生欢呢?

知识链接

《四库全书》

我国最大的一部丛书,编修于清朝乾隆年间,由纪昀等为总纂官,动用了四千多人,历时十年方告完成。共收录图书三千四百多种、七万九千万多卷、三万六千万多册,分为经、史、子、集四部。其中经部分为易、书、诗、礼、春秋等十类,史部分为正史、编年、纪事本末、别史等十五类,子部分为儒家、兵家、

> 法家、农家等十四类，集部分为楚辞、别集、总集等五类，共计四十四类。所收之书来源于朝廷藏书和征献的民间藏书。为了妥善保存这批经典文献，朝廷花了十年的时间，用工整的楷书抄录了七部，分藏于北京、沈阳、承德、扬州、镇江和杭州。《四库全书》堪称中华传统文化最丰富最完备的集成之作。它历经两百多年，到现在还完整地保存了四部。

木鸡、虚舟、养鸟的哲学

庄子也许是中国古代哲学家中思想最为通达的人，他比孔子和老子混得都惨，但是庄子从来没有为此感到伤心难过，相反，即使他生活无着破衣烂衫，还能保持逍遥的心态而自得其乐。

在庄子看来，生活的贫困只能说是没有钱，而真正的贫困是精神的贫困，是沉溺于世俗的种种诱惑，沉溺于心灵的种种欲望而无法摆脱。在庄子看来，临水垂钓是快乐的，像个乌龟一样在污泥中快乐地打滚是快乐的；像一棵参天大树自由地餐风饮露也是快乐的，而那些看起来流光溢彩的生活，看起来珠围玉绕、钟鸣鼎食的生活，其实是反自然反人性的，是黄金的手铐和枷锁，势必带来人生的不快乐。

按照庄子逍遥游的人生理想，所有的欲望都是有所待，要实现人生逍遥之境，就必须取消一切有待，取消一切差别，取消一切欲望，把自己融入自然大道，虚空内心，齐生死齐万物，人生才能得到大逍遥。

但是庄子很狡猾，睿智的他经常会用一些寓言故事来表达自己的人生理论，懂的人会心一笑"于我心有戚戚焉"，不懂的人就让他继续茫然混沌吧。

其实庄子才是心灵鸡汤的大师，是快乐人生理论的大师。在庄子的著作中，深刻地揭示了人生的三大理论，分别是木鸡理论、虚舟理论和养鸟理论。懂了这三大理论，你也就懂得庄子，懂得了道家的自然无为思想，懂得了中国人的处世之道，懂得了如何在一个不完美的世界中，保持不以物喜不以己悲、通透洒脱的精神。

木鸡理论：有实力还要有定力，人生才能成功

庄子给我们讲了一个呆若木鸡的故事。齐宣王喜好斗鸡，特召纪渻子专门为王室训练斗鸡。过了十天，齐宣王问训练的情况。纪渻子说不行，这鸡表面气势傲慢，实际上没有战斗力。又过了十天，齐宣王再问。纪渻子说不行，这鸡听到声音、看到影子就会冲动紧张，心理不过关。再过了十天，齐宣王心想应该可以了，但纪渻子仍认为不行，这只鸡目光如炬，盛气凌人过于躁动。直到一个多月后，纪渻子才向齐宣王禀报，基本可以了。虽然听到其他鸡鸣叫挑衅，但这鸡完全不为所动，看上去似木鸡呆呆的。但它的德性能力已经完全具备了，其他鸡都不敢应战，只会掉头逃窜。

有的鸡心浮气躁；有的鸡盛气凌人；有的鸡骄傲自满，在庄子看来，这都是最低境界的鸡，不上档次，真正的斗鸡应该是有强大的实力，但是能平淡地看待眼前的一切纷扰丝毫不为所动的。这就是老子经常说的"大智若愚""大巧若拙"或"大勇若怯"的境界。

人往往很痛苦，觉得自己怀瑾握瑜怀才不遇，老是希望别人高看自己一眼，这样的人生才够味。在这种炫耀、显摆、求点赞的心理之下，在生活中我们心浮气躁，我们骄傲自满，我们盛气凌人，其实就是想为自己博得一点儿赞美一点儿面子而已。而真正大境界的人，都是金庸先生笔下的"扫地僧"，都是默默无闻地提升自己蓄积能量的人。

我们要注意，庄子并非要我们做木鸡，而是要"若"木鸡，把自己的心灵和精神平静下来，提升实力和定力，就像苏洵所说的那样，"为将之道，当先治心。泰山崩于前而色不变，麋鹿兴于左而目不瞬，然后可以制利害，可以待敌"。有了实力和定力，我们的人生将会大有不同。

虚舟理论：管住脾气，才能驾驭人生

唐朝诗人韦应物有一首诗，叫"春潮带雨晚来急，野渡无人舟自横"，这是一幅近乎禅意的画面，一只虚舟自由飘荡，人生充满自由和诗意。虚舟其实也来自庄子。庄子在《山木》

篇中说，"方舟而济于河，有虚船来触舟，虽有惼心之人不怒"。意思是说如果有人在划船渡河，一艘空船与自己的船相撞，即使他是一个脾气很坏的人，也不会愤怒。为何不怒，因为没有生气的对象，他不能像个傻子一样去骂天骂地骂空气吧。但是，一旦发现船上有人驾着船冲过来，"有一人在其上，则呼张歙之；一呼而不闻，再呼而不闻，于是三呼邪，则必以恶声随之"。为什么刚才不愤怒，现在又是咒骂又是发狠呢？因为那船上有人。被撞之人认为这种撞船的行为是有意为之的，因此生气愤怒，要与对方较量理论。

人生有各种不如意，你面对的也有你不喜欢的人，但是我们要如何过得快乐一点儿呢？

庄子告诉了答案："人能虚己以游世，其孰能害之！"意思是，人若能够顺应外界的变化，保持内心的虚静，外物就伤不了自己。也就是说，不管外界风吹雨打，我自保持内心的虚静，如此人生才能逍遥快乐。人若能够以虚舟心态游世，就是空心而处，超然境外，无所不安，安则定，定则静，静得快乐！

养鸟理论：别以爱的名义伤害你爱的人！

庄子讲了一个鲁侯养鸟的故事。鲁侯得到一只鸟，他给鸟儿奏乐，给鸟儿最好的猪牛羊肉，结果鸟儿"鸟乃眩视忧悲，不敢食一脔，不敢饮一杯，三日而死"。庄子评价说，鲁侯这是在"以己养养鸟也",也就是说用"自己希望别人侍候自己的方式侍候鸟"。这种养鸟方式动机很好,效果却很差。

在庄子看来,正确的方式应是"以鸟养养鸟",即以鸟希望被对待的方式来对待鸟,让鸟栖息于树林,游弋于江湖,吃泥鳅和小鱼,自由自在地跟其他鸟结群飞翔。

这其实告诉我们人际交往的一个金律,叫做"己所不欲勿施于人"。我们要树立换位思考的思维,你喜欢吃肉,也许别人高血脂不敢吃;你喜欢吃臭豆腐,别人却掩鼻而去。人与人之间不可能相同,因此,无论是爱情还是友情,我们要用爱人或朋友喜欢的方式去对待他,而不是用自己喜欢的方式爱他。因为不合适的爱,会让人窒息。

猴子炫技的悲剧

在庄子看来,自恃聪明的人就是傻!你很牛,那也是看起来很牛而已,或者说只是暂时很牛而已,没有必要傻到非要把自己牛的一面展示出来,那就叫做露拙,用现代的语言就叫做炫技必死!

庄子大概是中国哲学家中最冷的一个了。他眼中常常泛冷光,嘴角常常挂着冷笑,时常说一些深邃的冷笑话。我觉得庄子有三冷,第一是冷静看世界。我们常说要投身于火红的世界,但在庄子看来,这就是傻。世界本来是冷的,仿佛

"淮南皓月冷千山",仿佛"千山鸟飞绝,万径人踪灭",它是纯自然的,你打不打扰这个世界,它都在那里。第二是冷静看自己。人是自然的一部分,生是偶然死是必然,来自尘土归于尘土。按照齐物论的观点,你居庙堂之高,我处江湖之远,最终都是一样。庄子的第三冷是说冷笑话。庄子从来不肯和你正面讲道理,和他对话是一种很烧脑的事情,他只说冷笑话,这个冷笑话就是寓言。

炫技必死这句话,其实庄子早就说过。不过他很狡猾地讲了一些寓言故事,而且是动物的寓言故事。动物看起来和我们人类不相干,但事实上,庄子就是在说人类,因为我们距离动物,也无非是几个基因组的差距而已。

庄子说,吴王渡过长江登上猴山,猴群看见四散奔逃,躲进了荆棘丛林的深处。有一个猴子比较牛,它从容不迫地腾身而起抓住树枝跳来跳去,在吴王面前显示它的灵巧。吴王用箭射它,猴子敏捷地接过飞速射来的利箭。吴王下令叫来左右随从打猎的人一起上前射箭,猴子被射成了筛子,抱树而死。

猴子成了筛子,主要是觉得自己不是猴子,而是牛。猴子最终的结局,印证了古人的一句话,"机关算尽太聪明,反误了卿卿性命",也印证了现代的一句话——"炫技必死"!

影子中的人生

影子在古人心中极为重要和神圣,他们认为,影子的身

上或许藏着人的灵魂,因为影子总是与人的身体在一起,这叫做"如影随形"。因此古人认为,一旦影子受到攻击,人的身体就会受到伤害。

《山海经》上说,有一个蜮的国家,那里的人以捕猎蜮为生。蜮是一种水中的怪物,喜欢在水中含沙喷射人的影子,使人生病,这叫做"含沙射影"。后来干宝在《搜神记》中有了更加神秘的记载:"其名曰蜮,一曰短狐,能含沙射人,所中者则身体筋急,头痛、发热,剧者至死。"

这些神话反映了古人对影子的看法。庄子也喜欢讲影子的故事,但庄子对影子的认识相当理性,他没有赋予影子以神秘的力量,而是在影子身上铺满了哲学的隐喻。庄子讲了两个影子的故事,意味深长地表达了自己的人生哲学。

在《庄子·杂篇·渔父》中,讲了这样一个故事。孔子和弟子子路、子贡遇到了一个隐者渔父,渔父先是在子贡、子路面前批评孔子,然后孔子亲自去见渔父。虽然孔子态度诚恳,也声泪俱下地哭诉自己在周游列国的过程中,遇到的艰难险阻,但渔父还是严厉批评了孔子。说他在无法拯救的乱世中妄想拯救世界,简直是没事找事干、自找苦头吃,并告诉他什么才是"真"的道理。

庄子把孔子说得特别悲惨和谦恭。孔子说,我在鲁国两次受到冷遇,在卫国被铲掉所有的足迹,在宋国遭受砍掉坐荫之树的羞辱,又被久久围困在陈国、蔡国之间。我不知道我有什么过错,为什么遭到这样的诋毁呢?

隐者渔父则用影子做隐喻,希望孔子能从影子的故事中获得启发。

渔父说,你实在是执迷不悟!有人害怕自己的身影、厌恶自己的足迹,想要躲开影子,举步越频繁足迹就越多,跑得越快而影子却总不离身,还自以为跑得慢了,于是快速奔跑而不休止,终于用尽力气而死去。这个人不懂得停留在阴暗处就会使影子自然消失,停留在静止状态就会使足迹不复存在,这也实在是太愚蠢了!

渔父告诫孔子,要抛掉自己的欲望,抛掉那些束缚自己身心的物质,无心无情无拘无束,这样才能做一个真人。

这个影子的寓言意味深长。庄子一生都反对儒家学说,所以他就拿儒家创始人孔子做靶子。道家和儒家在人生观上有根本的不同,儒家强调个人对社会奉献的价值,他们主张积极入世,用孔子的话说,叫做"知其不可而为之",用我们现在的话说,就是有困难要上,没有困难创造困难也要上。孔子在春秋末期的乱世中,带着弟子们周游列国游说诸侯,希望能恢复周礼建立大同世界。但现实却狠狠地给了孔子一个耳光,他活得如同丧家狗一样,连孔子也搞不懂,人生为何如此艰难。

庄子对人生的悲剧结局有深刻的认识。庄子曾经说,人生就是一个无可奈何不由自主的过程。人生的悲剧是命定的,你无须抵抗,只能像水中的浮萍、风中的蒲公英,随着外物浮沉,顺其自然,无论到了哪个地方,都可以"心安之处是吾乡"。

在《庄子·杂篇·寓言》中，庄子又讲了一个影子的影子问影子问题的故事。

影子的影子向影子问道：你先前低着头，现在仰起头，先前束着发髻，现在披着头发，先前坐着现在站起，先前行走现在停下来，这是什么原因呢？

影子说，我就是这样地随意运动，有什么可问的呢？我也不知道为什么如此。我就如同寒蝉蜕下来的壳、蛇蜕下来的皮，跟那本体事物相似却又不是那事物本身。火与阳光，使我聚合而显明；阴暗与黑夜使我得以隐息。可是有形的物体真的就是我赖以存在的吗？何况是没有任何依恃的事物呢！有形的物体到来我便随之到来，有形的物体离去我也随之离去，有形的物体徘徊不定我就随之不停地运动。变化不定的事物有什么可问的呢？

庄子借助影子的话，阐明了他的哲学思想。包括人在内的万事万物，无法脱离世界而存在，用庄子在《逍遥游》中的说法，是"有所待"的，这是一个无法摆脱的悲剧。庄子认为，"有所待"就不自由，只有"无所待"才能实现逍遥。那么庄子如何解决人必须有所待但又要无所待的困境呢？

庄子提出了两个办法，第一是游心于世，第二是无心于世。"游心"反映了庄子对人生命困境的无可奈何。既然是无可奈何，那就不必太认真，要放下一些东西，减少一些有意为之的欲望，让精神在万千世界中自由游荡，用影子的话说,就是随意而行。用陶渊明的话说,"云无心以出岫,鸟倦飞而知还",一切都是自然的,随意的,没有功利只有审美。

第二是无心。人只有无心,才能无情,只有放下了人世间所有的功利心、是非心、荣辱心,放下一切俗世的情感,做到"喜怒哀乐不入于心",如此才能摆脱外界物的羁绊,"物物而不物于物",从而实现无所待的逍遥之境!

忘形与忘情

庄子是一个残疾人吗?这本来不是一个问题。但在庄子的寓言中,他笔下的残疾人却比正常人拥有更多的欢乐与更高的精神境界,他们是神全而形不全的得道者,是那个荒凉焦虑的世界中自得其乐的人。

庄子为什么崇拜残疾人,难道他是一个残疾人?

事实上,庄子虽然贫困交加,但他的身体很正常,他是在那个荒谬的世界中,精神上活得风轻云淡的人。

他拒绝进入尘世的繁华,他视凡夫俗子痴痴追求的富贵荣禄为弃履,他喜欢孤独地生活,孤独地思考。

他喜欢在园子里看花看月,看螳螂黄雀,然后讲让我们后背发凉的螳螂捕蝉黄雀在后的故事。

他喜欢在濠水的岸边垂钓一竿风月,他喜欢在桥上看鱼翔浅底的快乐,那一刻,庄子就是一条快活的鱼。

在哲学家庄子看来,鱼的快乐当然可以与我的快乐同在,而在辩论家和逻辑学家的惠施看来，这简直就是无稽之谈。

在辩论上，庄子输了；在哲学上，惠施输了。

庄子的世界，有谁能懂？

其实，和惠施一样，我们大部分人都不懂庄子。庄子是中国最孤独思索最玄远的哲学家。

当我们沉浸在喜怒哀乐的生活中，羁绊于锅碗瓢勺的俗世时，庄子却在思索人类的困境，苦苦寻找消除人类倒悬之苦的解脱之道。

那么，到底谁才能与庄子心有戚戚焉？

是他笔下那些形体残缺不全但精神超凡脱俗的残疾人！

庄子在《德充符》中，为我们刻画了一组残疾人的群像。他们在黑暗的时代中，有的被砍了脚，有的被砍了腿，有的天生丑陋，有的身体器官错位。但这一群残疾人却最能体悟大道，最能参透生死，最能深刻地审视命运。他们是一群看淡了生死看透了人生的人，是一群在命运的重压面前，以无所谓和无所畏的心态，顺应自然的安排，"知其不可奈何而安之若命"的人。

鲁国的王骀，是一个被砍掉了脚的残疾人，但他在鲁国开办私学，其教学规模甚至超过了孔子。他"立不教，坐不议；虚而往，实而归。"他根本就不教什么，但是学生们却收获满满，连孔子都要拜倒在他门下。按照孔子的说法，王骀已经看透了生死荣辱得失，他不会随着物的变化而变化，只是牢牢把握着自己的宗旨。这就是静心看待一切，以一种心如止水的姿态惯看秋月春风的人生态度。

"人莫鉴于流水而鉴于止水,唯止能止众止。"人在流水面前是无法照见自己的,只有在一潭静水面前才能看见自己。所以说,唯有心静、心净才能观照自己的生命。王骀就是这样一个不随物化而以静照心的得道者。

申屠嘉也是一个被砍掉了脚的人,与郑国的名相子产是同学。子产以与他一起出入为耻,经常耻笑他。而申屠嘉的一番话,却让子产羞愧难当。

申屠嘉说,懂得事物之无可奈何、安于命运安排的,只有有德的人才能做到。人来到世上就像来到善射的后羿张弓搭箭的射程之内,中央的地方也就是最容易中靶的地方,然而却没有被射中,这就是命。如今你跟我心灵相通、以德相交,而你却用外在的形体来耻笑我,这不又完全错了吗?

申屠嘉简单的语言,却指出了人类对命运对困境的思考——人类的身体活在无处可逃的境地,唯有灵魂才能得到解脱。

鲁国的哀骀它是一个形貌特别丑陋的人,但是这样的人却成为鲁国上下崇拜的偶像,男子喜欢同他做朋友;女子争先恐后想嫁给他;鲁哀公和他相处一个月,就要把国事托付给他,但哀骀它却走掉了。

还有一个跛脚、驼背、无嘴的人游说卫灵公,卫灵公很喜欢他,反倒认为其他人不正常了。

一个患了大脖子病的人,游说齐桓公,齐桓公反倒认为脖子细的正常人不正常了。

庄子最后说:"人不忘其所忘而忘其所不忘,此谓诚忘。"人们不会忘记所应当忘记的东西,而忘记了所不应当忘记的东西,这就叫做真正的遗忘。

我们本该忘记的,却时时挂在心上,我们不该忘记的,却早已抛到九霄云外。这是多么深刻的寓言啊!

原来,庄子崇拜这些残疾人,是大有深意的。

这些形体上残缺的人,他们却拥有最丰满的心灵。在庄子看来,实现逍遥之道,有两条途径,一是忘形,二是忘情。忘掉身体的存在,忘记物质世界的种种诱惑,忘记那些引起你快乐与不快乐的东西,真正做到与物俱化万物齐一。如同庄周梦蝶一样,你不必在乎你到底是蝴蝶还是庄周,你只要能在暖阳下上下翻飞感受自由的灵魂,这就是生命的价值所在。

一个人的身体永远无法获得不朽,而灵魂可以。逍遥与容颜无关,与青春无关,与形体无关,关乎的是自由活泼的精神。而即使是身体残缺的人,照样可以拥有高贵的自由的灵魂。

一篇《德充符》,完整地体现了庄子的生命哲学。第一,体现了庄子的生命悲剧意识。庄子说,人生来是不自由的,是无法对抗命运的。我们都在后羿的射程之内,被射中是必然,不被射中只是偶然,只是让我们暂时苟延残喘地活着而已。只有"知其不可奈何而安之若命",才是人生的解脱之道。

第二，体现了庄子的万物齐一的思想。庄子认为，以道观之，物无贵贱，人无尊卑，我们都是自然大道流行中的一粒微尘而已。人生中喜悦与哀伤，繁华与落寞，是非与荣辱，无非是一阵清风一场烟云而已，在本质上没有区别。所以，在得意的时候不必癫狂，在失意的时候不必绝望，无论是正常人还是残疾人，我们都是山谷里的野百合，而任何一支野百合，都有绽放生命的自由和权力。

第三，体现了庄子的神高于形的思想。我们的身体是无奈的，永远无法自由和逍遥，而精神却可以。庄子笔下的那些残疾人正是如此，他们正是依靠精神层面的自由，而跳脱出经验的世界，走向逍遥之境。

人生乃无可奈何的尘网，我们本来无处可逃，但要是能做到忘形与忘情，我们就可能跳出樊笼，走向无功无名无己的无所待的逍遥之境，这也是庄子教给我们的人生解脱之道。

三径

西汉末，兖州刺史蒋诩隐居后，在院里竹下开辟三径，只与求仲、羊仲来往。后来，三径便成了隐士住处的代称。隐居之地的代称常见的还有"墙东、五柳、沧浪"等。

人生宛如一场游戏

庄子的生命哲学充满了悲剧意识。庄子说，生命就是一场相爱相杀的悲剧。但唯有在悲剧之中，我们才要用喜剧的意识去生活。

庄子高度重视生命，在他的哲学中，关于养生的学问占据了大部分。他的无欲无求、无情无心、无思无虑和"心斋""坐忘"，都是养生哲学的重要途径。很显然，庄子所说的养生，并非追求长生不老，事实上庄子也从来不追求长生不老，而是希望生命在自然中纯真地存在。因为庄子认为，没有尽其天年的生命是可悲的，因此，顺应自然才是保证精神自足的正确方式。

道家是极为重视生命的，而庄子追求个体生命和精神自由的哲学，是道家生命哲学的最高峰。

吊诡的是，无论是道家的老子还是庄子，他们都认为人生就是一场悲剧，而生命痛苦的根源就在于生命自身。

身体既是灵魂的寓所，更是灵魂的羁绊。人生于世上，便是一个不由自主无可奈何的旅程，身体和心灵的欲望，如野火春风生之不尽。所谓这山见着那山高，得陇望蜀，我们每天都处于欲望的交战之中，宠辱成败、是非对错，如冰炭同炉引起心灵的痛苦，每日焦虑、茫然，让我们战战兢兢汗不敢出。

如何消除人生的痛苦，后人从老子的宠辱若惊中找到了人生的解脱方法，苏东坡在黄州的凄风苦雨中感叹说："长恨此身非我有，何时忘却营营。"那就是忘却自身的存在。而明人陈继儒则说："宠辱不惊，看庭前花开花落；去留无意，望天上云卷云舒。"意谓去掉荣辱得失，消除是非得失，以无为无畏之心，行到水穷处，坐看云起时。

但超脱谈何容易？

在庄子的文章中，我们会发现很多"游"字，"游世""游心""逍遥游"等，事实上，"逍遥"是庄子人生哲学的最高境界，而"游"则是庄子寻找人生解脱的重要方法，也是他对抗人生悲剧的解脱之道。

这世界已经如此不堪了，难道还要我们哭着活下去？所以，庄子说，对抗悲剧的人生的唯一的办法，就是游戏人生。

庄子所说的游戏人生，绝非那种不负责任地祸害自己祸害别人，相反，庄子的游戏人生，是要用一种认真的方式，去对待身体和灵魂。事实上，真正的自由只存在于我们的心灵，无论如何身体是永远得不到自由的，这一点庄子看得很清楚。因此，只有我们用一种超越的、审美的心态去对待人生，才能获得心灵的逍遥。比如庖丁解牛，当庖丁用一种艺术的精神去解牛的时候，他是审美的而不是功利的；当庄子梦见自己变成蝴蝶，而在梦中蝴蝶也变成庄子的时候，他是审美的、超越的。

我们有理由相信，庄子想必是想起了小时候在草地上花丛中追逐上下翻飞的蝴蝶的情景。他追逐蝴蝶，不是要抓住卖钱，也不是要讨好谁，而纯粹是用一种游戏的精神娱乐自己。游戏是没有目的的，游戏就是游戏本身。所以，无论是庖丁解牛还是庄周梦蝶，都指向一条人生的解脱之道——用游戏的态度，去游戏人生。德国哲学家希勒说："人只有充分是人的时候才会游戏，人只有在游戏当中才完全是人。"这与庄子不谋而合。

庄子的游戏人生，其实讲的是逍遥的境界，而逍遥就是一种审美的、无功利的境界。在这种境界中，游既是手段更是目的，要让心游起来，就要放空一切，做到无情无心。无情就是无牵无挂，摆脱了一切有待；无心就是无好无恶是非荣辱不入于心，无心于万物之变化，无情于是非荣辱，超然于尘世之外，游戏于天地之中。

老子说，回归到无情无欲的天真的婴儿状态吧。

庄子说，这世界本是一场游戏，只有认真游戏的人，才能获得快乐。

庄子的命运观

人类最大的焦虑是时间。线性的单向的时间，带来人生的各种不确定性。我们不知道自己是否能够看到明天的太阳，也不知道我们最终将以什么方式走向死亡。纵然我们可以很乐观，但我们确实不知道未来会怎样。

对人生不确定性的焦虑，对自身无法把握的无可奈何，催生了命运观——也许,为失败找到借口,是我们保持心平气和的最佳方法。

命运既联系着当下,又指向遥远的未来,对命运的认识,决定了一个人的人生观和处世态度。假如你认为命运主宰一切,你就可以混吃等死,伸出脖子等待命运的裁决;假如你认为"死生有命富贵在天",你对你承受的幸与不幸就能够淡然视之;假如你决定勇敢地"扼住命运的咽喉",坚信"我命在我不在天",你就可以奋起挑战命运,寻找自我命运的高点和极限。命运观决定了人生的价值观。

中国哲学家对命运的看法大有不同。

儒家相信天命是一种独立于人的意志的异己的力量,但他们不准备全部接受命运的安排,他们想把命运放在一边,先努力再说,至于结局是好是坏,都可以坦然接受。

墨家倡导"非命",因为墨子认为,人一旦相信命定论,人就丧失了向上的动力,连国家都将走上灭亡的道路。

总的来说,儒墨两家对命运的认识决定了他们的人生价值观,是热情奋进脚踏实地的人生哲学。

道家与此完全不同,道家相信天命与自然是融为一体的。老子对命运并不重视,因为他相信,自然就是人类的命运,按照道法自然的原则生活,是我们最好的归宿。

庄子是一个悲观主义者,对世界充满了绝望。他把社会比作囚笼与死地,他说人一生下来就没有自由,人人都生活在神射手后羿的射程之内,不是今天被射中,就是明天被射

中,总之被射中是命定的安排,谁也逃不过人生悲剧的命运。庄子以此为基础,发展出了他特有的"安时处顺"的游世主义人生哲学。

庄子说,"未形者有分,且然无间谓之命",一切事物没有完全成形的时候,区别的萌芽已经暗自存在了,我们对此无能为力,这就是命。也就是说,命是一种自然的必然性,是冥冥的注定,谁也无法改变的东西。对于人来说,每个人都要明白自己的命,守住自己的本分不能逾越。庄子说,"褚小者不可以怀大,绠短者不可以汲深",袋子很小,容纳不了更多的东西;井绳短,不能获得更深处的水。他告诉我们,面对命运最好的方式是"命有所成,而形有所适",对于命中注定要承担的,要坦然待之,如此才可以获得安适与自由。

命定与自由难道不是一对无法调和的矛盾吗?

天才的庄子找到了调和命运与自由的方法——"知其无可奈何,而安之若命"。既然一切都是命运,那就意味着无论发生什么都是最好的安排,顺着命而不违逆它,你就能得到最大的自由。

庄子又开始讲寓言故事了:一块金属觉得自己很了不起,它不安于命运,跳出来要求把它铸造成干将莫邪的宝剑,铁匠认为它是不祥之物而抛弃了。而人如果自恃为人而不安分,也会被视作不祥之物。

基于一切都是命中注定的认识论,庄子提出了他的处世原则——"安时处顺,哀乐不能入"。安于你所处的位置,安然承受你应该承受的一切。在人与自然、人与人的关系中，要做到一个"顺"字，不与自然闹矛盾，不和别人找别扭，不给自己找不自在，老老实实守着自己的心灵，寻求精神上的自适与自足。

也就是说，别人是春天，你就清风徐来百花盛开；别人如婴儿，你也天真无邪扮可爱；别人不讲界限不论是非，你也随声附和随波逐流；别人随心任性，你也无拘无束。总之，别人怎样你就怎样，如此才能全身才能养生，才能获得心灵上的愉悦。

那么问题来了，如果一切都随声附和随波逐流，那人的价值何在？人难道只能是做别人的影子、一个提线木偶或是做一块随别人摆弄的橡皮泥吗？庄子逍遥的人生难道只是让人做没有灵魂的行尸走肉吗？如胡适所批评的那样，庄子真的是一个庸俗的苟且媚世的小人？

其实，庄子早就打好了埋伏，专门应对我们的质疑。庄子说"安时处顺"的最高原则是"顺人而不失己"，他要求我们在人与人之间的交往中"不失己"，如此才能保持自己的个性，做真的自我。

既要"安时处顺"，又要"顺人而不失己"，既要在世又不能执着于世，这就是庄子逍遥游世的人生哲学。

身体无疾病，灵魂无困扰

越想超脱的人就越痛苦，越痛苦的人越想超脱。这个既超脱又痛苦的哲学家就是庄子，因为痛苦让人深刻。

庄子终其一生都在追寻人如何超越红尘的问题。庄子明白，人不可能脱离世界而存在，身体永远无法实现自由，但我们的精神可以。因此，庄子追寻的是人的精神如何达到自由逍遥的问题。他梦想人能走出悲剧的宿命，走向"齐物"而"与天地并生"，从而超越俗世生活达到"逍遥"境界。

著名庄子研究专家胡文英说："庄子眼极冷，心肠极热。眼冷，故是非不管；心肠热，故悲慨万端。虽知无用，而未能忘情，到底是热肠挂住；虽不能忘情，而终不下手，到底是冷眼看穿。"

因此，庄子看似冷漠无情看透荒凉红尘，实际上他热忱地爱着这个世界，无比珍视个体生命的价值——当你无法摆脱世界的时候，你不妨对这个世界爱得深刻一些，让自己的生命更自由通透一些。所以庄子在寻找超越的同时，他更加注重如何在乱世中保全生命。这就是胡文英说庄子"眼极冷，心肠极热"的原因。

庄子经常说人有才有用就会惹来杀身之祸，比如"山木自寇，膏火自煎"；比如一棵奇形怪状形貌丑陋的树能保持自我尽享天年。但无情的世界总有意外。庄子带着弟子漫游的时候，到一个人家里做客，主人要杀鹅款待他们。仆人问主人,一只鹅会叫,另外一只鹅不会叫,杀哪只?主人说杀不会叫的鹅。弟子问庄子,大树无用得以尽享天年,而不会叫的鹅却遭到杀戮,我们将如何自处?庄子也明白死守明哲保身的无用之说未必能保身全命,他无可奈何地选择了在"材与不材"之间随波逐流,走在世而游于世的路线。

随波逐流与世沉浮,在庄子看来并非贬义,而是顺应自然与社会发展的规律,是一种人生通达的智慧。所以,顺其自然是庄子人生哲学的核心要义。庄子看到人生的悲剧性,而他又想在悲剧的人生当中活得轻松自由,这也是庄子重视养生之道的原因。

在确立养生之道的理论之前,庄子必须确定哪些道是无益于养生的。在庄子看来,阻碍我们全身养性的是欲望。庄子强烈反对儒家"仁义礼智"的宏大叙事,因为这些背后都是汹涌澎湃的欲望。在儒家和法家的人生哲学中,君临天下、南面称王,将光辉的名字挂上凌烟阁,是人生无比荣耀之事;高风亮节、万民景仰,让自己在史书中万古流芳,是人生得意的极致;杀身成仁、舍生取义为天下献身,站在人类道义的顶端才是人生的最高价值所在。

而在儒家和法家眼中最荣光之事,在庄子看来却毫无意义,因为无论是为名殉身、为利殉身,都是"心为形役"而身心俱疲,他们搞混了目的与手段的关系,庄子说,"今世俗之君子,多危身弃生以殉物,岂不悲哉",这是一种"以隋侯之珠,弹千仞之雀"得不偿失的事情。庄子说这种行为,一个字是傻,两个字太傻。

儒法哲学强调集体,庄子注重个体;儒法提倡秩序,庄子渴望自由。庄子是第一个将个体生命价值抬高到至高无上的本体高度的哲学家。

在庄子的人生哲学中,人生目的不再是征服驾驭拥有万物,也不是追求成为道德自我完善的圣人,人生就是如何在一个慌乱的社会中保全生命,进而实现人生的逍遥和灵魂的自由,这乃是庄子养生之道的出发点和落脚点。

那么,如何才能养生呢?

首先,养生的目的是保全身体奉养双亲乐享天年;其次,养生之道的两个基本条件是,你不要去追求人生的虚名,那样会被累死;更不要做坏事触犯刑律,那样会被砍死。第三,养生的关键要"缘督以为经",要让体内的丹田之气顺着脉的中虚之道自然无碍无滞地运行,这是生理层面的养生之道。

如何将"缘督以为经"上升到哲学层面呢?

庄子喜欢讲寓言,他讲了一个庖丁解牛的故事。

庖丁能够让刀顺着牛的骨节的缝隙运行,再硬的骨头它都能"游刃有余",从而让刀几十年如新的一样。庄子不是要告诉我们如何杀牛,他借这个故事告诉我们,养生的秘诀不在于吃香的喝辣的住大房子,而是要像庖丁一样"依乎天理""因其固然",按照事物自身的规律行事,既不被外物所扰,也不勉力为之,"以无厚入有间",消除矛盾、躲开死结,才能"游刃有余"。而唯有如此,才能达到"哀乐不入"的境界，而人一旦做到"不以物喜，不以己悲"，心如止水身如古潭，自然就能够健康长寿。

总而言之，庄子的养生之道似可概括为两条，一是避开一切文明的、物质的、是非的欲望纠缠；二是忘记自我、忘记他人、忘记世界种种的顺其自然。

忘物、忘人与忘我

在道家的理想人格中，老子崇尚"婴儿"境界。在老子看来，婴儿保持着人类最宝贵的天真烂漫的童心，他们如生机勃勃的宇宙万物，一切都是自然而然的样子。

老子认为，婴儿心智未开未受世俗的污染，内则柔和淡泊，外则天真无邪。婴儿终日大哭嗓子却依然清亮，是因为婴儿啼哭时能让气自然的运行，外界影响不了甚至也伤害不了他。老子的"婴儿崇拜"意在告诉人们，当个体忘记了自我的存在，消除了一切功利目的，消除了一切欲望，就能达到全身养性的目的。

老子的婴儿不为外物所伤的思想，直接启发了庄子。相较于老子的婴儿理想人格，庄子更加玄幻，提出了神人、至人、真人的理想人格。庄子认为神人有一种万物不伤的神奇能力。他说，神人能够"物莫之伤，大浸稽天而不溺，大旱金石流，土山焦而不热"。

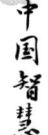

事实上，这只是庄子的寓言而已，人不可能不为外物所

限所伤，但这是庄子的理想人格，他的理想是成为不为外物所限所伤、自由自在地游于"无何有之乡"，与天地合一的神人、圣人和至人，而这种生活的境界就是"逍遥"。

儒家人生观的基本立场是，逢山开路遇水架桥，遇到问题就去解决它，儒家人生的痛苦就在于，人生太短，无法解决所有的问题；而道家人生观的基本立场则是，不采取任何行动介入和解决问题，这叫做"无为"；或者把问题看成是没有问题，干脆取消一切问题，这叫做庄子的"齐物"和"逍遥游"。道家的痛苦在于，人生的问题太多，所以选择逃离而出世。

那么，人生如何才能消解问题，达到逍遥之境？庄子是看破不说破。庄子不喜欢说大白话，他喜欢用寓言的形式让你猜。

消解现实问题的最好办法是做梦，于是就有了庄周梦蝶的故事。庄子梦到自己变成了蝴蝶，而在梦中蝴蝶也在做梦，它梦见变成了庄周，庄子梦醒之后，不知道自己到底是蝴蝶还是庄周了。

这是一个意味深长的寓言。庄周是"我"，而蝴蝶是"物"，庄子与蝴蝶在梦中合二为一，这就是"物化"。庄子其实告诉我们，人世间的一切看起来各有不同，但"以道观之"，所谓的生死荣辱、是非对错等都是一样的。也就是说，如果"我"与"物"是对立的，人生则有无数种是非，人生就会陷入痛苦的深渊不可自拔；假如用"道法自然"的角度看世界，我与物本无差别、我与物化为一体，那带来痛苦的问题就自然消失了。庄子是在用忘记物我的差别来消除人生的痛苦。

但人生活于世界，不单是面对物，更要与人打交道。而人之所以痛苦，来自自我与别人的比较，这种比较，庄子叫做"有待"。事实上，有待来自欲望。我们总是期待着某种东西，如功名利禄美食美色等。当你把期待变成执着时，期待本身就变成了人生枷锁。所以，庄子说有人为名殉身，有人为利殉身，儒家的圣人尧舜禹们都活得特别累，这就是人生"有待"的苦果。

为了说明这个问题，庄子又讲了一个故事。大鹏高飞九万里，但没有风就飞不起来；列子修炼成仙能在天上溜达半个月，但没有风他还得掉下来，他们飞得再高也无法实现逍遥。那么人世间的有待是什么呢？庄子说，有人追求荣华富贵，不能南面称王最好也要高官厚禄；有人喜欢红颜美女，最好三宫六院，实在不行也要享齐人之福，再不济也要珠围玉绕红袖添香；有人沉溺于是非毁誉；有人追求虚伪的道德，总之你追求的东西，都将变成束缚你的枷锁。所以，在庄子看来，不取消人与我之间的对立关系，就永远无法达到逍遥的境界。

那么问题来了，人是集体的动物，没有人可以脱离社会做一个离群索居的人，如何才能消除人我之间的关系呢？东晋的陶渊明可谓是庄子的心灵知己，他给了我们一个完美的答案，陶渊明说，"结庐在人境，而无车马喧，问君何能尔？心远地自偏"。原来泯灭人我就是处世而不入世，保持心如止水般的虚静淡泊，人就朝着逍遥境界更近一步了。

庄子认为，人生最重要的是处理好"吾"与"我"，即身与心的关系。庄子看来，物也好、人也好，说到底是我与外界的关系，即使是消除了人与物、人与我之间的问题，还有身与心的关系。不解决内心的问题，谈不上会幸福，因为最大的幸福就是身体无疾病灵魂无纷扰。

庄子又讲了一个寓言，这个故事叫"吾丧我"。南郭子綦靠着几案而坐，仰首向天缓缓地吐着气，那样子真好像精神脱出了躯体。弟子颜成子游说，老师，您这是怎么啦？形体诚然可以使它像干枯的树木，精神难道也可以使它像死灰

那样吗?你今天凭几而坐,跟往常大不一样。南郭子綦回答说,今天我已经忘掉了自己,这就叫做"吾丧我"。

南郭子綦的"形容枯槁""心如死灰""吾丧我"的境界,正是庄子所要追求的。"吾"指精神上已经大彻大悟的心,"我"则是社会中的世俗之我。只要"吾"完全忘记、超越了世俗中的一切,忘记了自我的存在,才能走向逍遥之境。

形容枯槁是忘形,自我完全消除了身体的欲望;心如死灰是忘心,已经超脱了一切世俗,彻底忘记了自我的存在了,做到了"喜怒哀乐不入胸次",生死穷达不为所动。如此才能达到逍遥的境界。

庄子启示我们,许多人生的困扰无法解决的时候,忘掉问题,才是人生解脱的最好办法。

无心无情才可逍遥

如果说老子的"无为而不为"的哲学,将落脚点放在了"无不为"上,尚有一丝温度的话,而庄子则是冷冰冰的存在,他走向了无为的极端。

庄子反对文明,认为文明异化了人的自然本性;

庄子反对欲望,认为欲望牵绊了人自由的脚步;

庄子反对仁义礼智,认为这是人类道德的牢笼。

总之,庄子反对一切异化和文明,认为那样会伤害人性。庄子哲学的出发点和落脚点就在于,人如何在不自由的世界中获得自由，走向人类自由的最高境界——逍遥。

庄子的一生都在为实现逍遥的境界而努力，但事实上庄子逍遥吗？

从我们的视野来看，庄子不仅不逍遥，相反他一生却穷困潦倒。他穿草鞋破衣，居陋巷喝凉水，他没有粮食要向监河侯借贷，他于濠水桥上钓鱼，并非风轻云淡地享受自然田园之美，他需要活下去。

于物质而言，庄子的生活相当不堪，但在精神层面，庄子却风轻云淡。由此看来，庄子的逍遥与物质无关，他的逍遥只存在于精神世界。

庄子很清醒地认识到，人生来并不自由，身体要受到各种各样的限制，唯有精神可以自由出入八方之外，"独与天地精神相往来"。

庄子的逍遥理论是建立在"道法自然"的基础上的，道是自然发生的依据，也是自然运行的法则，人作为自然的一员，当然要依据这个原则。所以，庄子认为人的本性是自然，容不得任何异己力量的干预，哪怕是人多了一根手指与脚趾，你去割掉它，这就是伤害人的自然本性的行为，正如我们要将野鸭的腿拉长，将白鹤的腿截短一样，不仅无用，更是一种伤害。

在社会中，伤害人自然本性的因素还有很多。庄子认为，儒家提倡仁义礼智的意识形态让人更虚伪；功名利禄让人充满了更多的欲望；是非荣辱让人充满机心与矫情。用今天的话说，丰衣足食的生活可能让你变成一个不健康的胖子；身居高位则每日战战兢兢；钱多了想着如何保值增值。总之人生太累太难了，这种困境庄子叫做"劳神累形"。

可见，欲望是人生痛苦的根源，只有泯灭欲望才能获得心灵的快乐。如何才能消除欲望呢？庄子告诉我们要"养神"，要保持心灵的恬淡与虚静。去掉影响心灵的一切异己的力量，功名利禄等尘世的欲望，喜怒哀乐等心理情绪，要让一切不入于心，做到"形容槁木，心如死灰"，对尘世中的一切不动心，如此才能达到逍遥之境。

人生活于社会，最焦虑的是未来的不确定性，因为人类似乎可以把握一切，但无法把握命运。人类沉浸在宗教的迷狂中，其实就是为了明确自己未来的命运如何。儒家相信天命，但更相信人的作用，所以孔子在知天命之年还周游列国，寻找人生理想，遇到困难仍然"知其不可而为之"。

庄子完全不认同儒家的做法，在庄子看来，"死生、存亡、穷达、贫富、贤与不肖、毁誉、饥渴、寒暑，是世之变，命之行也"，尘世中的一切都是天经地义，无须干涉更不能怀疑，它是自然而然发生的，一切都是命运最好的安排。所以庄子说，"得者，时也。失者，顺也。安时而顺命，哀乐不能入也"。

基于一切无法改变的认识论，庄子对命运的态度是："知其不可奈何而安之若命，德之至也"，他将听天由命、安时处顺当成了人类的最高道德。

当然，庄子也清醒地认识到，人必须物质化生存，就像他所说的，船没有水就浮不起来，大鹏没有风就飞不起来，庄子把这种生存困境叫做"物于物"，这叫做人生"有待"，是一种无可奈何的困境。

受到物的限制有待的生活，无法达到逍遥。庄子天才地提出了一个概念，叫做"物物而不物于物"，我们要驾驭物，而不是让物奴役我们。也就是说，我们的身体被物奴役，但精神却可以做物的主人，这种境界叫做"无待"，人一旦做到"无待"，则距离逍遥的境界就更进一步了。

还有一个因素在阻碍人类走向逍遥，那就是自我意识，在庄子的哲学中这叫做"有己"，"有己"就会让人去区分善恶贵贱、贫富荣辱，从而引起苦闷与恐慌。

要达到真正的自由就要"无己"，从精神上超脱一切自然和社会的限制，彻底泯灭物与我、人与我、吾与我的对立，忘记包括自身在内的一切东西，从"无己"到"无待"，如此则可以"齐物我""齐是非"乃至"齐万物"，从而修养成"至人""神人""圣人"，分别达到"无己""无功""无名"的境界，如此可以从"有待"到"无待"，从物质到精神，从身体到心灵，进入"无何有之乡"实现人生的逍遥游。

当然，这一切都是幻想，但庄子人生哲学的不执着于名利，超然物外、超脱世外的人生态度，慰藉了相当一部分失意彷徨的中国文人，也成为昂扬进取的儒家哲学之外，中国人内心深处一块美好的桃花源。

知识链接

五岳

中岳嵩山、东岳泰山、西岳华山、南岳衡山、北岳恒山合称五岳。五岳是古代民间山神崇敬、五行观念和帝王巡猎封禅相结合的产物,后为道教所继承,被视为道教名山。

儒道人生哲学的不同

哲学上有三个著名的追问:我是谁?我从哪里来?我要到哪里去?这三个追问,构成了人生哲学的总框架。

相较于西方追问宇宙起源和物的问题,中国哲学更重视人的问题,无论儒家道家还是墨家,无不把人的价值的问题放在首位,所以,一部中国哲学史其实就是关于人生的哲学史。

人需要追问的问题太多了,人生的价值和意义是什么?人在宇宙中的地位如何?人如何处理与宇宙与人与自我的关系?人是否自由?人能否突破命运的限制?如何面对不可避免的死亡?人是否可以不朽?

哲学史家将中国哲学的这些追问,归纳成四种关系,即天人关系、物我关系、人己关系和身心关系,这四种关系其

实也可以分成五个方面的问题。

第一是人的本性即人性的问题；第二是人生是否值得的问题，也就是人生的价值论；第三是什么样的人生才是理想的人生，这是人生境界论；第四是我们推崇什么样的人的问题，这是人格论；第五是如何达到理想人格与理想境界的问题，这是人生的修养论。

儒家与道家是中国哲学的主流，它们一热一冷、一进一退，共同构成了中国人生哲学。但儒家与道家对人生的认识差别非常明显，比较儒道人生哲学的不同，是一件非常有意思的事情，这能让我们更透彻地探索人生的意义和价值。

人生价值是人生哲学的核心问题。人生价值观其实可以分成两个问题，第一是人在自然中地位的问题，因为人必须要搞清楚，同样是自然中的一员，人与禽兽有何区别？第二是人存在的价值是什么？从人与自然的关系来看，儒家强调人是自然的中心，或者说是万物的尺度，虽然儒家追求"天人合一"的境界，但更注重人的主体性，孔子认为人与禽兽不能同群，孟子认为人有良知良能和道德观念，这是人优于禽兽的最大优势。

道家与自然的关系更为密切，因为道家相信"道法自然"是人与万物普遍的法则。因此，他们更强调人与自然之间的和谐与统一，老子说"人法地，地法天，天法道，道法自然"，而庄子更是提出了"齐物我""齐万物"的齐物论，试图摆脱儒家关于人的傲慢以及与自然的对立，将人放在更辽阔的天地境界中去。

从人与社会的关系上来看，儒家强调个人价值，但更重视群体价值，儒家认为个人是演员，而社会是舞台和观众，个人价值只有在社会中才能体现，所以，儒家有"为天地立心，为生民立命，为往圣继绝学，为万世开太平"的积极入世的价值观。

道家更重视自我价值的实现，发源于道家的隐士哲学，就是道家个人主义最鲜明的体现。国家兴衰社会安定与自我无关，只求个人心灵的安静与逍遥。儒家的人生价值观在于你为社会做了什么，道家的人生价值观在于我的心灵是否获得了自由与满足。

从人生境界上来看，儒家追求人与人、人与社会普遍和谐的境界，因此"仁者爱人"是最高人伦理想，将"仁者爱人"思想推广到政治的"王道"，是最高政治理想。儒家除了讲"仁者爱人"，还强调礼，追求一种大爱而有序的生活。

道家更强调个人与自然万物的融合，道家向往的是人与物、人与人、人与我、身与心自然完满和谐的境界。儒家讲爱和道德，道家讲真与自由。老子崇尚婴儿的"见素抱朴"的境界，庄子则从齐物和逍遥的理论出发，提出了"至人无己，神人无功，圣人无名"的人生理想境界。

儒家强调改造自然，而道家则追求超越自然，抛弃社会文明带来的一切异化，"顺物而不伤物""物而不物于物"，乃至达到与"造物者同流""与天地合一"的逍遥境界。

理想人格是人要追求成为什么样的人。儒家和道家都不约而同地认为，人具有自我完善的能力，所以孔子说"我欲仁，斯仁至矣"，孟子说"人皆可以为尧舜"，荀子说"涂之人可以为禹"，王阳明更认为"满街都是圣人"，所以圣人是儒家的理想人格。而道家认为只要"见素抱朴"无情无欲无所待，也可以成为圣人。

儒家终其一生都在追求"内圣外王"的境界，"内圣"是内心的道德修炼，"外王"是外在的事功与实践。简而言之，就是对国家与社会做出不朽的功勋、具有极高的道德境界的人，才能成为圣人。

道家更注重内心的自由，他们鄙视尧舜禹那样的圣人，认为他们为名为利殉身活得太累，没有自由与逍遥。道家认为，人生最快乐的事是"适其意、遂其情、安其性"，身心才能达到最大限度的自由。他们眼中的理想人格从小的说是隐士，从大的说是绝情无欲无功无名无己的神人、圣人和至人。

从人生修养来说，儒家强调"天行健，君子以自强不息"积极有为的人生精神。孔子说"知其不可"，也要"为之"。孟子则强调做充满浩然之气的大丈夫。而道家则"守弱贵柔"。老子说人生有三宝，"一曰慈，二曰俭，三曰不敢为天下先"，强调见素抱朴、少私寡欲、为而不争的处世态度。而庄子则是在逍遥游的理想之下，设计出"心斋"与"坐忘"的养生方法，提出了"知其不可奈何而安之若命"，"顺人而不失己"的处世方略。

儒家有为热情奔放，道家无为清静自然；儒家入世，道家出世；儒家强调群体价值；道家强调个人自由。

如同太极图案，一冷一热的人生态度，构成了中国人生哲学的奇妙底色。

第三篇　醇厚的儒家

儒家文化的力量

古人说，参天之树，必有其根；怀山之水，必有其源。中国文化历经数千年还能连绵不绝发展壮大，这就是中国文化的优势所在。我们要怀着慎终追远的尊敬，去审视我们的文化，要用高度的文化自信，去对待自己的文化。作为中国人，就是要热爱自己的文化，否则，你就失去了中国人的特质。作为中国文化的主流，儒家文化促进了中国文化的发展，很多优秀的思想因子已经融进了中国人的血液，影响了中国人的思想和行为方式，不管你承认不承认，你的血液里流淌着儒家思想。

当然，中国文化是一个博大精深的系统。在中国历史上，儒家、道家、法家、墨家、阴阳家等各大学派的思想，都对中国文化产生了深远的影响。儒家的仁者爱人，道家的无为和自然主义，法家的革新思想，墨家的天下为公，阴阳家对天地和自然科学的探索，都是中国文化不可或缺的组成部分。在儒家思想上，也有先秦儒家和宋明理学、心学的分支。儒家文化占据中国文化的主流,这是中国历史的选择,是中国文化自然演进的结果。

儒家文化坚强了中华民族的性格。我们常说,中华民族是一个勤劳勇敢的民族,是世界上最能做事最理性的民族。这些民族性格的形成,和儒家文化的浸润是有很大关系的。中国文化的源头,很多可以归结到《易经》。孔子就曾经为《周易》做过注释,把他的思想融入其中。《易经》强调刚健有为的人生态度。《易经》的"乾卦"中说,"天行健,君子以自强不息",倡导我们要努力工作自强不息,这也是中华民族勤劳勇敢的文化基因所在。中华民族之所以能历经苦难而发展壮大,这和儒家强调的有为奋斗自强不息的精神是息息相关的。

儒家文化倡导的以义为上的价值观,让中国文化更强调集体利益。发源于古希腊的西方文化,更强调个人利益,强调自由。但是中国文化更强调个人在集体和社会中的价值。中国文化强调三不朽,"立德、立功、立言",立功就是要有益于社会;立言就是要传承文化;立德是中国人的最高理想境界。儒家强调义,但是儒家并非一味地反对利,而是反对不当的利、不义的利。儒家思想明确反对见利忘义,肯定合理之利的正当性。在特殊情况下则牺牲利益而成就道义,极端的情况即是杀身成仁、舍生取义。在义与利尖锐对立、只能做出非此即彼选择的特殊情况下,儒家的确体现出了更为注重道义而非利益的倾向。儒家主张,当遇到义利尖锐冲突而不可调和的特殊情况时，志士仁人决不为苟活而做损害仁义的事，而是宁可牺牲生命也要成仁践义。这是中国文化中爱国主义的源头和基因。

儒家强调修身为本，为政以德，提高了中国人的精神境界。成就人之所以为人的理想人格，是儒家关注的中心，克己修身而成就德性，成为其精神追求。所以儒家文化的核心其实就是立德的文化，儒家文化的理想人格就是君子和圣人的文化。不管你是否承认，你总是想做个好人，而不是坏人，这和儒家的性善论息息相关。

儒家重视现实而不是虚无缥缈的来世，让中国文化更加理性。和其他宗教不同，儒家关注的落脚点最终是现实，强调现实的努力，而不是把希望寄托在彼岸。尽管儒家相信命运，但是孔子和孟子都认为要尽人事听天命，就是首先做最好的自己，努力到无能为力，这样才对得起自己的人生。所以，中国儒家没有那些宗教的虚幻追求，而是脚踏实地一步一个脚印地努力奋斗，才能成就我们国家的强大！

《论语》的人生启示

从本质上说，儒家是一种教人处事做人的伦理哲学。现代人狼奔豕突茫然无措，你可能无法沉下心来钻研一种高深的理论，你可能无法接受一种高远的哲学，你的小确幸就是你当下的生活。但是你可以很轻松地读懂孔子的哲学，因为孔子的哲学就是仁学，仁学是关于做人、爱人的学问。

在孔子看来，人生的使命就是治理天下，而治理天下最根本的就是修身。孔子和他的门徒们始终坚持"修身齐家治国平天下"的人生理想，而修身必先修心，如何修心？如何处世？如何在现实社会中过一段有价值向上向善的人生？孔子和《论语》会给你答案。

懂得了孔子，你就会明白，你何以能成为中国人；懂得了《论语》，你就会明白，原来人生之路其实并非畏途，只要有序就能和谐；只要尽责就能发展，这就是儒家学说教人处世的中心意旨所在。

你什么样，别人就什么样，你对世界的态度，恰恰是世界对你的态度。人乃是互相支撑的群体，人与人的交往像是揽镜自照，笑颜对镜镜亦笑，哭颜对镜镜亦哭。你用什么态度对待世界，世界将用什么态度对待你。此种法则运用到人际关系上，儒家叫做"己所不欲，勿施于人"，这就是"恕"道。因此，孔子说自己一生主要精神就是"恕"道，保持一种豁达宽容的心理。

从推己及人的思想出发，孔子还提出"己欲立而立人，己欲达而达人"的原则。人生道路上充满荆棘，但只要你能于危难时刻，拉别人一把，在别人犯错的时候，宽恕一次，当厄运降临到你头上的时候，别人也会帮你，互帮互助的世界，才是美好的世界。

跟着好人学好事。"见贤思齐，见不贤则内自省"，人

总是在学习中进步的，也是在一次次失败中爬起来的。学习需要榜样，在失败中爬起，需要自省的精神。孔子特别重视学习，以此为终生事业和追求。孔子说见到德行事业等比我强的，我要向他看齐；看到身上有缺点的人，我要反省自己是否也有这样的缺点，并加以改正。一个善于自省反思的人，人生往往会很顺利，因为他能从自省中得到教训，避免走弯路。

这一点老子也有深刻的论述，老子说："故善人者，不善人之师；不善人者，善人之资，不贵其师，不爱其资，虽智大迷，是谓要妙"。意思是说，善人可以做不善人的老师，不善的人也可以做善人的反面教材，如果善人和不善的人都不善于以别人为师，不吸取别人的教训，这种人看起来聪明，实际上则糊涂透顶。

骄傲是将自己置于危险境地的行为。孔子最看不起有了成绩就志满意得的人，认为这种人不值得一提、不值得一观。他说，"如有周公之才美，使骄且吝，其余不足观也。"即使是你有周公那样的才能，但你骄傲且悭吝，其余的才能就不值得一看了，这深得《尚书》中"谦受益，满招损"思想的真谛。《孔子家语》中说，"勇力振世，守之以怯；富有四海，守之以谦"，越是有大成就的人，越懂得谦牧自冲的道理。老子也说过，"圣人终不为大，故能成其大"。伟大的人物之所以伟大，就在于他始终把自己当成泥土，而不是珍珠。古人说，"谦退是保身第一法，安详是处事第一法"，就是这个道理。

知识的厚度决定人生的高度。孔子重视学习,并且强调要用一种博大的胸怀去追求知识,因为知识是提升人生境界的第一法宝。孔子认为学习是自己的事情而不是别人的事情,"古之学者为己,今之学者为人",古人学习是提升自己精神境界,今人学习是取悦和炫耀于别人,所以孔子的弟子子夏也说,"博学而笃志,切问而近思,仁在其中"。知识作为一种能力,将如影随形你的一生。知识丰富,则灵魂丰盈;知识匮乏,则灵魂无力。

功不独居,过不推诿。我们总在乎社会的评价,总想在别人眼里显得完美,因此大凡有功的总想独揽,有过的总推给别人,但孔子明确反对这种行为。孔子给我们讲了一个孟之反的故事,"孟之反不伐,奔而殿,将入门,策其马曰,非敢后也,马不进也。"孟之反从不揽功夸耀自己,军队溃败的时候,走在军队的最后掩护部队,快要进入城门的时候,鞭打自己的马,说不是我敢在最后掩护,是我的马太慢了。这就是功不独享过不推诿的美德。在生活中,我们不妨多一些大度的胸怀,适当地把功劳让给别人,不要把过错都推给别人,这样你虽然损失一些光环,但最终你将得到更多。

不要睡不着觉怪床歪,一切都是靠自己。这就是儒家学说中的"行有不得,反求诸己"的人生精神。人生在世如何活得快乐和有意义?儒家强调挺起刚强的自己,万事从自己出发,不要去埋怨别人,要充分发挥自己的主观能动性,人生其实就是对自己痛下狠手的过程,你对别人下狠手那叫残暴,对自己下狠手这叫刚强,因为你不对自己狠一点儿,那么人生和世界就会对你狠一点儿。

孔子和孟子都喜欢用射箭来比喻人生,孔子说"射有似乎君子,失诸正鹄,反求诸其身",你没有射中靶子,就要从自身找原因。而孟子则说得更加明白,"仁者如射,射者正己而后发,发不中,不怨胜己者,反求诸己而已矣。"别人比你射的好,你不要去怨别人,只怪自己箭术不精。所以连观音也会说,"求人不如求己",就是这个道理。

小不忍,则乱大谋。古人说,"心字头上一把刀,遇事能忍祸自消"。孔子说"巧言乱德,小不忍则乱大谋"。一个有理想追求有境界的人,绝不会因为小事而自乱阵脚,绝不会因为小事而血气上涌,他们追求的是大境界,一种泰山崩于前而不惊的镇定。君子成大事的前提是要能忍小事,如果连小事也忍不得,那就只能一辈子沉沦在小事中做个"小人"了,此小人之小非道德之小,而境界之小也。

信用是立人的根本。诚实守信是一个人立身处世之道,是一种高尚的品质,守信求实是对自己人格的尊重,也是对别人的尊重。所以孔子说"民无信不立"。一个人若是不讲信用将寸步难行,孟子更是将诚实守信的法则放到了宇宙的角度,他说"诚者,天之道也;思诚者,人之道也",宇宙万物都是以最真实的姿态运行,它从来不掩饰什么,人就应该像大一样恪守诚实之道,如此"天人合一",就能达到孟子所说的"万物皆备于我"的大境界。

知识链接

建安风骨

以曹氏父子为中心形成的文人集团所表现出的共同的文学倾向，他们高扬政治理想，展示强烈个性，具有浓郁的悲剧色彩，展现了东汉末年动荡的时代，形成了慷慨激昂、刚健有力的诗歌风格，所以称为"建安风骨"。代表人物主要有"三曹""七子"和蔡琰。"三曹"指曹操、曹丕、曹植；"七子"指孔融、陈琳、王粲、徐干、阮瑀、应玚、刘桢。

《论语》中的三种快乐

古今中外的宗教都是主张离苦得乐的，因为人类一脱离母体，面对的就是一个不确定的危机重重的世界，用老子的话说，"天地不仁，以万物为刍狗"，大自然任何一点儿震怒都可能让生命陨落。人类社会还有无休止的掠夺，那种杀人盈城杀人盈野的战争，更是让人类的生命变得脆弱。

那么，人类痛苦的根源到底在哪里？一个较为流行的说法是欲望，但从更根本上来说，人类痛苦的根源是对未来不确定性的恐惧，就像我们去医院打针，护士姐姐举起针的那一刻，那种怕打下去又想尽快打完的感觉油然而生。而宗教的作用就是在不确定的世界里，给人一种未来的确定性，因为确定性能够带来心灵的安静。

佛教深刻地指出，人类世界是痛苦的，人生就是无法避免的苦难的历程。佛教认为，生、老、病、死、怨憎会、爱别离、求不得，是人类的七种苦难。相对于佛教，儒家学说比较乐观一些，也更加理性一些。宋明以后的儒家理学似乎很反人类，主张端正严肃，不苟言笑，女孩子最好能笑不露齿，但这并不是原始儒家的人生精神。

其实儒家并不反对快乐，孔子主张人要追求快乐。他和几个弟子在谈论志向的时候，有的人自信爆棚说要做将军，有的人谦虚谨慎说要做外交官，只有曾点说"莫春者，春服既成，冠者五六人，童子六七人，浴乎沂，风乎舞雩，咏而归。"意思是说，暮春三月好风光，穿上春天的衣裳，我和五六个大人六七个小孩到沂水边去洗洗澡，在舞雩台上吹吹风，然后一路唱着歌回家。

孔子深以为然，一拍大腿说，曾点，我欣赏你的志向！这个画面让我想起了小时候，暮春时节河水泛着温暖的阳光，我和小伙伴们浪里白条，从水中上来不穿衣服，完全天体在河岸上奔跑，阳光温暖，快乐蓬勃生长。那一刻我不知道孔子是否也和我一样，有相同的想法，更不知道孔子或许也曾经在沂河的春风里，自由地在阳光中跑过，像一条活泼的鱼。

孔子是个理性的现实主义者，他相信天命也不怀疑鬼神的存在，但他认为人生的价值在于此岸世界的自我实现，而不是彼岸世界的自我解脱，人要学会欣赏并践行人生的三种快乐。所以在《论语》的开篇中，孔子说的是人生的三种快乐。

子曰："学而时习之，不亦说乎？有朋自远方来，不亦乐乎？人不知而不愠，不亦君子乎？"

人生的第一种快乐是在学习中提升自己。人生而无知，就像一张白纸，最后被画成什么样子，有赖于文化的作用，画的过程其实就是自我学习自我提升的过程。但光学习不思考还不行，因为"学而不思则罔，思而不学则殆"。这种思想被宋朝的理学家朱熹和明朝心学家王阳明定义成"知和行"的关系。朱熹认为学习知识是人生的第一步，因为你不知道就没办法走路，所以叫做"先知后行"，但王阳明强烈地反对朱熹把知和行割裂开来的理论，认为知与行是不可分割的，要知行合一。所以，在学习中提升人生境界，深厚人生智慧，这是人生的第一种快乐。

人生的第二种是交友之乐。人是社会动物，人类世界不是孤岛，人需要沟通和联结。摇滚歌手张楚说孤独的人是可耻的，我说孤独的人是可悲的。人可以忍受身体上的苦痛，但忍受不了那种"拔剑四顾心茫然"的四野无人的孤寂。中国文化最为重视的是人与人之间的关系，儒家把人与人之间的关系分为五种，分别是"父子、兄弟、夫妇、君臣、朋友"，并且用"父子有亲,长幼有序,夫妇有别,君臣有义,朋友有信"来规范"五伦"之间的关系。

古人说同门为朋,同志为友,同门就是一个老师一个学校的同学,同志指有相同的志趣爱好的人。古人虽说重视同门之谊,但更重视"于我心有戚戚焉"的朋友,若你我追求不同,那么就大可以一拍两散,从此无关。三国时期的管宁和华歆是好朋友,他们在园中锄草,看见地上有一片金子,管宁就像没看见一样,而华歆则捡起来仔细观赏。他们曾经在一张席子上读书,门外有高官的车队经过,管宁不为所动,华歆则兴高采烈地跑出去看热闹,管宁就割断席子与华歆分开坐,说你不是我的朋友了。为什么管宁要与华歆友尽呢?这就是"道不同不相为谋"的道理。

孔子对交友非常重视,他告诉我们人生要交三种朋友,三种朋友不能交。"孔子曰:'益者三友,损者三友。友直,友谅,友多闻,益矣。友便辟,友善柔,友便佞,损矣。'"有益的交友有三种,有害的交友有三种。同正直的人、诚信的人和知识渊博的人交友是有益的,同惯于走歪门邪道、阿谀奉承和花言巧语的人交朋友是有害的。孔子的弟子曾子也说,"以文会友,以友辅仁",这叫做和朋友一起进步。

人生的第三种快乐是自我灵魂的满足。人往往很痛苦,这种痛苦来自社会评价和自我评价的撕裂,因此,很少有人能像法国诗人波德莱尔那样,"别人看我喝着廉价的烈酒,我却在风中自由地行走"。一个人的自我评价往往会比现实中别人对你的评价要好一点儿,这叫做"晕轮效应"。本来"晕轮效应"运用于自我对他人的评价,你对他人的评价首先是根据个人的好恶得出的,然后再根据这个判断推论出认知对象的其他品质的现象。比如你喜欢一个明星,你觉得她长得好看,就认为明星的一切都很完美一样。"晕轮现象"同样适用于自我评价,你觉得自己帅或者妩媚天生丽质,你就去照镜子,你就会发现,镜子中的自己更加好看。

人们对社会评价的期待,源于一种被尊重被承认的心理。但社会冷漠人际关系复杂,人生之路总不能按照你想象的那样万事皆顺。要是别人不理解不承认你,你会如何自处呢?

孔子说,"人不知而不愠,不亦君子乎"。别人不理解我不要紧,我还是我自己,君子就应该有一种不怨天不尤人的胸怀。苏东坡说"腹有诗书气自华",你怀瑾握瑜暂时未被别人发现也不要紧,怀才就像是怀孕,总有露出来的一天。

我们人生所有的努力,其实就是保住自己的实力,提升自己的才华,就像保住自己的胎儿一样,不至流产,总有瓜熟蒂落的一天。

拼到感动自己

儒家是主张积极进取的学派。儒家认为人生在世就是要努力,努力到无能为力,努力到感动自己,才不枉来到世界上走一遭。人生的意义也在于努力，努力实现"修身齐家治国平天下"的人生价值。

与西方的个人主义不同，儒家最关心的是如何处理好人与社会、人与人之间的关系。集体主义是儒家的价值观，既然人要在集体中建功立业，就要学会如何与世界打交道，特别是与人打交道。所以，在儒家哲学中，孔子主张"仁者爱人"。爱人就意味着人有爱的能力，有被爱的价值。另一方面，儒家认为人要适当收敛自私之心，要敞开心扉去原谅别人的不完美。这在孔子看来就是"恕"，而恕道的核心在于"己所不欲勿施于人"。

与道家的自然哲学、墨家的奉献哲学、法家的权谋哲学不同，儒家就是一种立足于现实的、充满了人文理性的哲学。因此，《论语》就是一本处世处事的百科全书，对我们特别有指导意义。

你不相信自己，则神灵也救不了你。孔子是个非常自信的人，他相信自己承担了传承文化的重任，所以在遭受安全威胁时毫不在意，相信自己在没有完成使命之前，上天不会让他没命。他还自信地认为，要是给他合适的位子，三年就能完成使命，这就是一种高度的自信。人成为人，是上帝神灵的眷顾，我们为什么要自卑呢？所以，孔子一直鼓励弟子，要树立自信。子谓仲弓曰："犁牛之子骍且角，虽欲勿用，山川其舍诸？"仲弓又叫冉雍，是孔子的得意弟子，孔子很喜欢他，认为他身负大才可以治国平天下，但仲弓出身贫贱，骨子里有一种来自泥土的自卑,孔子打了一个优美的比喻鼓励他,一头杂毛牛却生出了一头赤黄发亮、头角峥嵘、英气勃勃的小牛,即使在祭祀中,因为出身不好不会用它,但山川和神灵却不会舍弃它。也就是说上帝不会浪费任何一个人的才能,连神明都欣赏你,你却不欣赏自己,这样既对不起神明,更对不起自己。所以我们要学习杜甫的"会当凌绝顶,一览众山小"的豪气,更要学习李白"天生我才必有用"的自信。有了自信,人生何患不成功。

没有恒心,则万事无成。成功与失败之间的鸿沟,其实并非智力的差距,而是坚持的力量。孔子认为学习就要有恒心和毅力。孔子经常骂冉求,是因为他没有恒心与毅力。《论语》中说:"冉求曰:非不说子之道,力不足也。子曰:力不足者,中道而废,今女画。"冉求非常聪明但有点儿懒,他告诉孔子说,我不是不想学,是心有余而力不足呀。孔子很生气地说,你只做了一半当然无法成功,这根本就不是力量不足的缘故。

《易经》的"恒卦"叫"雷风恒",上卦为震,下卦为巽。《象传》中说"雷风恒,君子以立不易方",君子应该坚持恒久的前进和努力。

少说多做先做再说,乃人生之精要。儒家强调现实的功利性,也就是做事的客观效果,讨厌那些终日无所事事高谈阔论的人。孔子说,君子言语要谨慎迟钝,工作却要勤劳敏捷。因为在孔子看来,真正的君子做实事,而不是花言巧语轻易承诺。孔子说，古人不轻易说话，因为他们以说了而做不到感到羞耻。儒家讨厌吹牛夸夸其谈的人，因为在孔子看来，"巧言令色，鲜矣仁"。当一件事还没有做的时候，你最好不要说出来，因为你一旦说出来，可能就已经败了。

佛家也有"不可说，不可说，一说就错"的劝谕。墨子曾经讲过一个故事，子禽问曰："多言有益乎？"墨子曰："虾蟆蛙蝇，日夜恒鸣，口干舌擗，然而不听。今观晨鸡，时夜而鸣，天下振动。多言何益？唯其言之时也。"墨子说，你看那些青蛙天天叫，让人讨厌，而雄鸡一唱天下白，人人都会起床，所以多说无益，要说到点子上才行。

君子藏器于身待时而动。孔子主张济世利民的人生观，发挥聪明才智实现人生价值。但世界万千，人生总不能顺遂人意，怀才不遇如何？遇到坎坷挫折如何？孔子认为君子要善于顺势而变，要能把握必然性，又要能够把握偶然性，如此才能主宰自己的命运。孔子把这叫做"用之则行，舍之则藏"。孔子谓颜渊曰："用之则行，舍之则藏，唯我与尔有是夫！"意思就是说用到我，我就出来工作，如果不用我，我就隐居起来，提升自己的能力，等待时机的到来。"用之则行，舍之则藏"，是中国文人抵抗仕途不顺的法宝，这也是儒道两家为中国文人提供的处世良药。苏东坡给他的弟弟写了一首词，下阕就是说的这个意思。

当时共客长安，似二陆初来俱少年。有笔头千字，胸中万卷；致君尧舜，此事何难？用舍由时，行藏在我，袖手何妨闲处看。身长健,但优游卒岁,且斗尊前。

　　大致的意思是说,我们兄弟俩那绝对是不世出的人才,但是人生又很不得意,那又能怎样呢?保持好的心态和身体,等待时机好了。所以说,儒家教会我们,在人生处于低谷的时候,多读书提升自己,等到机会来临的时候,就可以"好风凭借力,送我上青云"了。但是,如果你身上没有镇山的法宝,也就是孔子所说的"器",青云肯定上不了了,你就等着乌云密布吧。

　　心急吃不了热豆腐,欲速则不达。孔子曰:"无欲速,无见小利。欲速则不达,见小利,则大事无成"。这就告诉我们,人生是一个慢慢行走的过程,你不能超越某一个阶段,超越人生的规律而去做事,这样只会坏事而不会成事。

　　让自己的灵魂变得自在。快乐的事物有很多,但终极的还是心灵俯仰无愧的快乐。因为物质的快乐很快就会消失;肉体的快乐很快将陷入空虚。唯有灵魂的快乐是持久的,是那种想起来就甜蜜就想偷着乐的轻松释然。

　　孔子极为重视灵魂的快乐,经常和颜渊一起讨论如何在贫穷中寻找快乐。子曰:"饭疏食,饮水,曲肱而枕之,乐亦在其中"。认为人生真正的快乐是让灵魂变得自在。因为快乐是内心的自足,无关乎欲望无关乎贫穷和富贵。在快乐的人看来,天地间的每一块云彩都为我而飘荡,天地间的每一朵花儿都在为我芬芳,身体无疾病,灵魂无纷扰,人生的快乐莫过于此!宋朝哲学家程颢写了一首诗,非常明确地表达了人追求灵魂的满足感。《秋日》：

闲来无事不从容，睡觉东窗日已红。万物静观皆自得，四时佳兴与人同。道通天地有形外，思入风云变态中。富贵不淫贫贱乐，男儿到此是豪雄。

心是人生的主宰，让心快乐起来，你眼中的世界、脚下的土地都充满魅力。快乐就是"采菊东篱下，悠然见南山"的悠闲；就是卸下压力卸下伪装不再彷徨的平淡；就是与大自然的春花秋月花鸟虫鱼热恋一场；就是像李白的"相看两不厌，唯有敬亭山"，像辛弃疾的"我见青山多妩媚，料青山见我应如是"的互相欣赏，是站在道德高点的俯仰无愧。

总之，快乐就是不再因人因事因物的慌张！

儒家的生死观

在谈儒家的生死观之前，先讲一个故事。众所周知，跟着孔子学习是一件苦差事，连孔子弟子中最聪明的子贡都有了厌学的情绪，他准备向孔子提出休学请求。但无论什么理由，孔子都不同意，子贡实在没办法，干脆说我什么也不想学了，就想辍学回家睡觉。孔子指着远处的一片坟茔说，你看，那里面的人全在大睡。

这个故事说明，儒家的生死观就是生前何必大睡，死后自会长眠！努力才是人生的宿命！

孔子的意思是说，生而为人，既然活着就不能偷懒，大白天睡觉的行为是不可饶恕的，宰予上课睡觉，就被孔子大骂朽木不可雕也，因为人死了以后，有的是睡觉的时间。

民国著名女作家萧红，把这个故事总结成了一句话，叫做"生前何必大睡，死后自会长眠"，这句话对理解儒家的生死观颇有帮助。

不管孔子与子贡的故事是真是假，但孔子的话确实反映了他的生死观——活着就要努力，死了才能休息。

孔子一生坎坷无数，栖栖惶惶如丧家之犬般游走于诸侯之间，只为实现"恢复周礼"的政治理想，实现他的"克己复礼为仁"的人生理想，所以，孔子以无比决绝的意志，以"知其不可而为之"的决心，践行着他在易经的注释中所说的"天行健，君子以自强不息"的奋斗观。

儒家认为生命的最高价值在于你能在多大程度上为国为民为社会贡献一生的光和热。于人的生命而言，义务第一，个人第二；责任第一，权利第二，生与死的价值都要体现在社会的价值中。

儒家高度重视人的价值，从孔子到孟子到荀子，都是如此。孔子家马厩失火，孔子问人不问马，因为他认为人的价值高于禽兽。孟子猛烈抨击不管人的死活的统治者是"率兽而食人"，从而提出"民贵君轻社稷次之"的理论。

儒家高度重视人的生命价值，但并未滑入杨朱学派的极端自私的个人享乐主义生死观的深渊。孟子就对杨朱"拔一毛利天下，而不为也"的极端自私主义和享乐主义开展了猛烈批评，说他是禽兽。荀子则对庄子的避世与游世主义进行了猛烈地抨击，说庄子是"蔽于天而不知人"。儒家重视的是个人的生命在社会中的价值。因此，儒家是集体主义者。

按照儒家的集体主义思想的逻辑，儒家认为，如果将个人的生命放在第一位的话，那么人为了保全生命就会无所不为；或者为了保全生命什么事也不去做。前者是享乐主义的生死观，后者是道家特别是庄子自然主义的生死观。这都是儒家强烈反对的生死观。

事实上，儒家认为在社会生活中，有比肉体生命更高的原则，且死亡并不仅仅是肉体的消失，它还具有更深刻的社会意义。

那么死亡的价值何在呢？事实上，死亡的价值要靠生的价值来体现。

儒家判断死亡是否有价值的标准是道，也就是仁与义。孔子说"朝闻道，夕死可矣"，只要践行了道，纵然马上死去也无怨无悔。孔子还说，"志士仁人，无求生以害仁，有杀身以求仁"，这就点出了死的意义，即为义而死才是死的价值。

孟子则说得更清楚："鱼，我所欲也；熊掌，亦我所欲也。二者不可得兼，舍鱼而取熊掌者也。生，亦我所欲也；义，亦我所欲也。二者不可得兼，舍生而取义者也。"至此，儒家建构了死亡的最高价值模式——唯有符合群体利益的死，唯有在大是大非面前在生死抉择面前舍生取义杀身成仁，死才有价值。这叫做死得其所,否则就是死得不值得。

在死亡的意义上,儒家与墨家都认为义是死亡的最高价值,但儒家并未滑向墨家极端理想主义的陷阱。孔子就批评子路好勇,说这样很可能会不得好死,后来果然子路被人砍成肉酱。这也体现了儒家中庸之道的理性与灵活性。

儒家是现实主义者,他们既不相信人可以长生不死,也不愿意相信这世间有鬼神的存在。他们认为人生最高的价值,是把现实的人生活出价值。

子路问孔子关于鬼神的事情,孔子告诉他"未能事人,焉事鬼";子路又问关于死的问题,孔子说"未知生,焉知死"。孔子告诉子路,对于未知的虚幻的鬼神与未来,可以存疑,但不能纠结,真正有意义的是过好当下的每一天,而过好当下的每一天,就要"天行健,君子以自强不息"。

至于人生中的成功失败、贫贱富贵,这些都是命,而"死生有命,富贵在天"。对于命,儒家认为不可抗拒不可探讨,也不需要为之负责,人生只需要努力即可。

鲁国的叔孙豹的"三不朽"的理论,为儒家生死观做了最好的注释,"太上有立德,其次有立功,其次有立言,虽久不废,此之谓三不朽"。通过立功立德立言,个人将有限的生命投入到人类无穷的发展之中,而人的生命也在人类生生不息中获得永生,这样就弥补了人生只有一次死后无法重来的遗憾。

北宋哲学家张载对儒家生死观做了集大成的总结,他认为，儒家生命的最高价值在于，"为天地立心，为生民立命，为往圣继绝学，为万世开太平"，当一个人的一生都在围绕"四为"而生活的时候，当生命终结死亡即将来临之时，就可以平静地接受一切。

张载说，"富贵福泽，将厚吾之生也；贫贱忧戚，庸玉汝于成也。存，吾顺事；没，吾宁也"。在人完成了对社会的责任与义务之后，活着就可以心平气和，死去亦无怨无悔。如同大儒王阳明临终时所说的那样，"我心光明，夫复何言"？

知识链接

年号

中国封建王朝用来纪年的一种名号（亦可以表示年份）。一般由君主发起。先秦至汉初无年号，汉武帝即位后首创年号，始创年号为建元，此后形成制度。历代帝王遇到"天降祥瑞"或内讧外忧等大事、要事，一般都要更改年号。一个皇帝所用年号少则一个，多则十几个，如唐高宗有十四个。明清皇帝大多一人一个年号，故后世即以年号作为皇帝的称呼。如先皇在年中去世，继位者仍使用当前年号，新年后改元。

儒家如何塑造我们的心灵

无儒家，不中国。儒家学说自汉朝以来成为中国社会的主流思想，持久地影响了中国人的价值判断、文化心理甚至是生活方式。虽然在中国文化的组成中，有清静无为的道家，有虚幻超脱的佛家，但佛道两家始终作为儒家哲学的补充，所以说，儒家思想是中华民族文化心理的最本质特征。

那么儒家思想如何影响中国人的人生观和价值观呢？这需要我们了解儒家的社会理想和人格理想。

儒家眼中的理想社会是"大同世界"。《礼记》中说："大道之行也，天下为公。选贤与能，讲信修睦。故人不独亲其亲，不独子其子，使老有所终，壮有所用，幼有所长，矜、寡、孤、独、废疾者皆有所养。男有分，女有归。货恶其弃于地也，不必藏于己；力恶其不出于身也，不必为己。是故谋闭而不兴，盗窃乱贼而不作，故外户而不闭，是谓大同。"

这是中国人的社会理想，天下为公，选贤与能，人与人之间和谐美好，互帮互助，社会充分就业，每个人都被尊重，社会秩序安全和谐。

从个人理想来说，儒家规定了一远一近的两种理想人格模式。远的是圣贤，近的是君子。圣贤殊为难得，在历史上也寥寥无几，连孔子都认为自己算不上圣人。于是就有了君子人格，按照孔子的要求，君子要具备"恭宽信敏惠"五种优点。

儒家追求圣贤和君子人格，其实是要求每个人能约束提升自我，成为一个道德境界高尚的、为社会做贡献的人。因此，儒家人生哲学的核心是积极入世提升自我贡献社会，在群体中实现自己的人生价值。在此基础上，儒家产生了人生哲学的四种模式。

第一，是从自我提升做起。儒家高度重视人的主观能动性。孔子说"人能弘道，非道弘人"，又说"为仁由己"，一切要从自己的内心出发，自觉承担起自我提升自我完善的任务。社会由人组成，每个人都完善了自我，那么社会也就是"大同世界"了。由此理论出发，儒家提出了"三纲八目"的道德修养的路线图。

"三纲"是《大学》中提出来的，"明明德，亲民，止于至善"，其中明德根本，亲民是手段，而让人生臻于至善的境界才是最终目的。理想的境界已被划定，接下来就是划定人生修养路线图的问题，于是就有了"八目"，即"格物，致知，正心，诚意，修身，齐家，治国，平天下"，这体现了儒家人生观的鲜明逻辑：欲正人，先正己；欲治国，先治身，也体现了儒家思想积极入世的特色。

第二，是"内圣外王"的理想。有趣的是，"内圣外王"并非儒家提出，而是激烈反对儒家的庄子。"内圣"是把握好内心的善，"外王"是把内心的善推而广之，运用到国家治理中去。"内圣外王"对中国知识分子产生了正面和负面的影响。正面是培养了知识分子的以天下为己任，

"先天下之忧而忧，后天下之乐而乐"的使命感；负面则是严重束缚了知识分子的主体能动性和独立性，知识分子被束缚在封建王权的锁链之下，所谓"学成文武艺，货与帝王家"，同时导致知识分子过度重视内心的改造与完善，忽略了对外部世界的探索与改造，在某种程度上，限制了中国古代科学技术的发展。

第三，正人正己与"勿施于人"。正人才能正己，这是儒家人生哲学的优秀传统。孔子说"我欲仁，斯仁至"，首先要求自己做一个仁人君子。其次是"己欲立而立人，己欲达而达人"，你若想成功要先帮助别人成功，因为君子成人之美。再次是"己所不欲，勿施于人"，在处理人与人之间的关系时，要做到换位思考，推己及人，这就是孔子的正人正己成己成物的思想。

第四，理性对待人生的进退。人生不可能永远一帆风顺，仕途也不可能一直青云直上，有得意就有失意，如何对待穷与达，是儒家思考的重要问题。儒家强调社会道义担当，不主张退守山林逃避社会责任，无论多难都要"知其不可而为之"。但孔子也说过，如果一个社会黑暗"道之不行"之时，他也愿意"乘桴浮于海"，是否进退，要看"道"是否存在。

这种思想为孟子提供了启发，孟子提出了中国知识分子进退的标准，"穷则独善其身，达则兼济天下"，仕途顺畅时胸怀天下，失意时则独善其身完善自我洁身自好，保持君子般的心静如水与心理平衡。

总之，儒家的人生哲学其实体现了一条鲜明的内在逻辑，先正己再正人，先成己再成物，然后贡献自己，服务社会。条件好时努力干，条件不好时，就做一个道德高尚心灵平静的普通人。

交友的八大智慧

儒家文化特别重视朋友之间的交往，孔子在《论语》的开篇中，就说"有朋自远方来，不亦乐乎"，把朋友之间的相交相见、把酒言欢，作为人生的快乐之一。

《论语》是关于人生智慧的心灵宝典，它教给我们的不仅仅是仁义礼智信的核心价值观，还有观察深刻到内心的人性。在对人性深刻的观察的基础上，孔子智慧地提出了人际交往的八条原则。时间悠远，孔子已逝，但是这八条原则，却时时刻刻影响着我们的心灵，影响着我们的价值观，洞彻这八条金律，你就可以洞彻人生，将无往而不利。

道不同不相为谋。《论语》中说"有朋自远方来，不亦乐乎"，朋友来了把酒言欢是件快乐的事情，但在古文当中，朋与友都是具有特殊意义的单词，"同门为朋，同志为友"，朋其实就是同学，而同志才是真正的朋友，所以说交友一定要交那些与自己有相同志趣爱好的朋友，那些与自己三观不合的人，干脆就不要去交往。你不必委屈自己，也不需要虚情假意虚与委蛇，两个三观不合的人，注定走不到一起，无论是友情还是爱情，无一例外。

交友当以爱人为上。孔子"仁学"的核心是"忠恕之道"，排在第一位的是"忠"，"忠"就是"己欲立而立人，己欲达而达人"，真正的朋友应该是相互扶助，只需要一个眼神，一个电话，我就能够知道朋友的难处而倾力相助。因为爱是相互的，你想成功你应当先帮助朋友成功；你想立足于社会，你应当帮助朋友立足于社会。如此朋友守望相助共同走向成功，然后回首往事，心情安然淡然，快乐且温暖。

交友应该有推己及人，换位思考的胸怀。孔子"仁学"的第二条核心思想是"恕道"，就是"己所不欲，勿施于人"。人应当有推己及人换位思考之心，你不想别人强加在你身上的，你就不要强加在朋友身上。朋友之间的交往，要多一些换位思考，少一些斤斤计较。

交友时应该睁大眼睛，分清益友与损友。好朋友温暖一生，坏朋友毁人一生。孔子告诉我们交友应当谨慎，要交对你自己有提高有促进的朋友，不要去交把你带上邪路的朋友。正直的、诚实的学问渊博的人是好的朋友；而那些不诚实，不正直，花言巧语溜须拍马，诡计多端的人是坏的朋友，早晚要带乱你的生活节奏，弄死你甚至是害死你。

害人之心不可有，防人之心不可无。朋友之间当以诚相待，以真心换真情，但是总有一些人假装与你交朋友，但背后总想拍砖头捅刀子。所以孔子深刻地指出，"不逆诈，不亿不信，抑或先觉者，是贤乎？"意思是说，不预先猜疑别人的欺诈,不预测他人会不会讲信用,这叫做忠厚老实,但是如果你能够提前发觉对方的欺诈与不讲信用,这样的人才是贤明者,才是有大智慧的人。

背后说好话,但绝不可背后说坏话。孔子的弟子子贡很聪明,也是一个大富豪,深得孔子的喜欢,但他有一个缺点,总喜欢在背后议论自己的师兄弟们,这引起了孔子的强烈不满。孔子批评说,你经常在背后说别人坏话,你难道就很好吗?要是我,就没有这个闲工夫在背后说别人坏话。人与人之间的交往,其实是没有秘密可言的,你对别人说朋友的坏话,很可能就会很快传到朋友那里去了。所以交友之道就是背后说好话,当面说坏话,指出朋友的过失,这样的人才是"诤友"。

善道能止,不要和"三季人"多做计较。子贡又来问孔子交友之道,孔子告诉子贡,"忠告而善道之,不可则止,勿自辱焉",朋友犯了错误,你要尽到自己的责任,循循善诱劝解他,促使他改正错误,但是事不过三,你纵然循循善诱,朋友就是不听,那就要适可而止,否则就是自取其辱了。

已故的曾仕强先生曾经编过一个"三季人"的故事。有个一身绿衣服的人和子贡打赌,绿衣服的人说一年只有三季,子贡说一年有四季,他们争执不下,最后到孔子那里去评理,孔子说一年确实有三季,那个人高兴地走了,子贡大惑不解,孔子告诉他说,那个人全身穿绿衣服,那就是秋天田地里的蚱蜢啊,而蚱蜢一生只有春夏秋三季,这就是他最高的认知,你又何必与他争论呢？

事有不得反求诸己。当一件事情未能成功，当一个心愿未能达成的时候，我们将如何处理？是怨天尤人还是反求诸己，这是君子与小人之间的最大区别。孔子说，"君子求诸己，小人求诸人"，在犯了错误的时候，君子总是能够从自己身上找原因，而小人则总是将责任推到别人身上。交友也是如此，朋友之间发生了误会，我们应当反思是否有我不对的地方。

孟子说，"爱人不亲反其仁，治人不治反其智，礼人不答反其敬。行有不得，反求诸己"，意思是说，我爱他，但是他并不爱我，那我就要反思我爱他的方式是否合适。我管理别人，别人却不听我的，我就要反思自己是否有管理的智慧，管理的方式是否得当。我待人以礼，但是别人却不恭敬我，我就要反思自己的态度是否真正的恭敬。

一件事做得不够好，我们就要反思一下自己。"反求诸己"的思想，不仅仅是交友之道，更是高明的人生之道。

不做烂好人

儒家是建立在人间伦理上的哲学智慧，用黑格尔的话说，中国没有哲学，孔子的话其实就是伦理的格言。黑格尔是戴着有色眼镜看孔子，但对我们来说，孔子的处事智慧特别有指导意义。

建立在"中庸"学说的基础上，孔子认为万事万物都有度，你达不到是失败，超过了更是失败。从做人来说，你是个好人这固然很好，但是过头了你就是一个吃死亏的烂好人，这样连姑娘都不会喜欢你，她们只会说，你是一个好人，而当姑娘们和你说这句话的时候，你的爱情即将死去。你是个勇敢的人，但是过了头，你可能只是一个好勇斗狠的街头混混；你是一个诚实的人，但是过了头，你可能只是很傻很天真而已。

为什么好人没有好报，甚至是有很多具有极高美德之人，结局却极为悲惨？孔子认为，主要是因为他们没有掌握度，而度其实就是事物发展的规律，是人生的智慧，这些知识和智慧只能从学习中得来。所以，孔子一直强调学习的重要性，因为，只有学习才能让我们掌握处事的智慧。

在《论语》中，孔子最爱也最为痛心的弟子是子路。子路在卫国做家臣，卫国发生了政变，师弟们往城外跑，而子路却勇敢地往城内冲，最后孤身一人陷入敌军包围被剁成肉酱。孔子非常悲伤，但事实上孔子早已经预见到了子路的结局。在《论语》中孔子问子路，你懂得什么叫"六言六弊"吗？子路说我不明白。孔子说，那坐下来我告诉你。这"六言六弊"就是"好仁不好学，其弊也愚。好知不好学，其蔽也荡。好信不好学，其蔽也贼。好直不好学，其蔽也绞。好勇不好学，其弊也乱。好刚不好学，其蔽也狂。"孔子的大智慧并不仅仅是教给子路的，他的"六言六弊"的人生智慧，对我们来说同样有指导意义。

爱不能太泛滥,不要做一个烂好人。孔子告诉子路,"好仁不好学,其弊也愚"。仁爱本来是美好的品德,但如果不爱好学习,不学习社会规律、人间智慧,就不能明白爱其实也是需要节制的。爱不懂节制,心就会被爱所蒙蔽,从而让人变得愚蠢。你疯狂地爱一个人,但人家不爱你,那么你应该怎么办?你是否应该理性地去想一想,你的爱是否爱错了地方爱错了人爱错了时机。你是父母,你爱自己的孩子,但你的爱不加以限制,不学习儿童教育心理的规律,你的爱将会变成宠爱溺爱,最后将害了孩子。

不要做一个聪明反被聪明误的人。孔子告诉子路,"好知不好学,其蔽也荡"。知就是智慧,一个人智慧聪明,这本来也是一种美德。但是你不学习提升自己的境界,你把聪明作为手段卖弄,最后终将惹来杀身之祸。智慧需要驾驭,不知道驾驭智慧,那么你的心同样也会被智慧所蒙蔽,必将会滥用聪明,放纵其志,甚至于放荡。三国时期的杨修,几次在曹操面前耍小聪明,最后被曹操杀死。这就是聪明反被聪明误,反误了卿卿性命。

没有原则的诚信,你就是一个傻大个。孔子告诉我们"好信不好学,其蔽也贼"。一个人有诚信的品德,但是如果不爱学习,不懂得驾驭诚信的道理,那么心必然会为诚信所蒙蔽,从而滥用放纵自己的诚信,就会变得固执,而固执既伤害别人也伤害了自己。所以孟子也说,"君子言不必信,行不必果，唯道而已"。

过分的直率，你将会变成一个尖刻的人。"好直不好学，其蔽也绞"，一个人好正直直率，但是如果不爱好学习，不懂得驾驭自己的情绪，那么心必然会被直率刚强所蒙蔽，必将滥用放纵自己的刚强，率性而为，让自己成为一个尖刻的人。

勇敢有好多种，小勇只是街头流氓的好勇斗狠。真正的勇者会控制自己的情绪，会将勇敢放到正确的地方。孔子说"好勇不好学，其弊也乱"。一个人好勇敢，但是不爱好学习，不懂得驾驭勇敢的道理，那么心必然会为勇敢所蒙蔽，必将滥用放纵自己的勇敢，那很可能就会变成一个作乱的人而危害社会。那些大金链子小手表，一天三顿吃烧烤的所谓的小混混，靠的不就是那种好勇斗狠、以头抢地的小勇吗？

刚强并不是放荡不羁爱自由！孔子说，"好刚不好学，其蔽也狂"。一个人好刚强不屈，但是不爱好学习，不懂得驾驭刚强的道理，那么心必然会为刚强所蒙蔽，必将滥用放纵自己的刚强，必将会狂妄无礼放荡不羁甚至是刚愎自用。

孔子告诉我们，仁、智、信、直、勇、刚这六种行为都是美好的道德，但是如果驾驭不好的话，却招致愚、荡、贼、绞、乱、狂这六种毛病。

那么到底是什么原因呢？第一是没有经过学习，自然就不会懂为人处事的道理，第二，没有掌握好度，这个度就是孔子所说的中庸。我们不能放任自己的情绪，否则，必受其害，必蒙其弊！

驾驭情绪

儒家是现实的和理性的学说,就意味着它是一种人生的智慧、人生的哲学。孔子就是人生哲学人生艺术的大师,而《论语》,作为中国人的心灵宝典,更包含深刻的生命智慧。

无论是儒家道家,都主张驾驭情绪、调节心理、节制欲望,做到与天地自然合而为一,这就是中国哲学生命的智慧。

作为中国人心灵的导师,孔子告诉我们,智慧的人生应该做到"三三四",第一个"三"是君子有"三戒",要存有戒惧和敬畏之心,要做减法有所不为。第二个"三"就是君子要免除三种死于非命的情况,"四"就是仁者和智者四种保持长寿的秘诀。

《论语》中说:"君子有三戒,少之时,血气未定,戒之在色。及其壮也,血气方刚,戒之在斗。及其老也,血气既衰,戒之在得。"

其实,人类是被欲望控制的动物。欲望是双刃剑,它是促进人类走出丛林走向陆地的关键,也是促进人类向更高更远探索的动力。欲望也是束缚生命的绳索,古往今来,多少豪杰英雄死在名缰利锁之下。所以,孔子智慧地指出了人生中三个不同年龄阶段需要注意的问题,人生要有所为,但更要有所不为。有所为靠的是意志;有所不为靠的是统御情绪节制欲望。所以,人生的问题,其实就是如何统御情绪和欲望的问题。

戒色。年少之时,血气还未成熟,应该力戒色欲,如果放纵自己的生殖冲动,那就不是一个合格的人。孟子说人与禽兽之间的区别很小,那一点的小就是道德理性。放纵欲望,就像是你自己拿一把斧头,狠狠地砍伐生命之树。要么伤害身体,要么败坏德行,从而拉低了生命的境界。

戒斗。其实人生就是一部你争我夺的战斗史。养育生命的资源是有限的,人活着必须战斗。但人生并非全部都是战斗,在生命的某一个时刻某一个阶段,我们应该静下来,平心静气地对待自己,对待世界。三十而立之后的壮年时期,血气方刚,应该力戒争斗,如果好勇斗狠,则或因为一朝之忿而死于非命。要么你砍死别人,然后被法律砍死;要么别人砍死你,而死于非命。

戒得。适当地减少点儿欲望。孔子说当我们年老之时,血气既衰,应该力戒贪得无厌,如果还是孜孜以求追求名利的话,那么往往晚节不保,很可惜的输光在终点上。因为,名利场中洒满了贪得无厌的人的鲜血,堆满了贪得无厌的人的尸体。

中国人是相信命运的。道家的命运观是"知其不可奈何而安之若命",强调要顺应命运;墨家说要在命运面前昂起自己的头颅,生命不能无所作为;而儒家强调在命运面前,有所为有所不为。有所为是说人要努力,然后才能摸到命运的高线,知道你最终的命运,所有不努力的人,是无权奢谈命运的。有所不为，是说你明明知道某事会为你带来危险，你偏偏去做，那么你就别怪命运的不公了，也就很有可能死于非命了。所以，孔子说"乱邦不入"，孟子说"君子不立于危墙之下"。

孔子告诉我们，一定要避免三种情况，这样才能免于死于非命。那么有哪三种非正常的死亡呢？

第一种死于非命是因为起居没按时间规律，饮食不加以节制，所以疾病夺去了他的生命。

其二，"居下位，而上干其君，嗜欲无厌，而求不止者，刑共杀之"。意思是说，自己身居下位却去冒犯那上面的君长、有权势的人，又加上贪得无厌，触犯法律之后，种种刑罚会夺去生命。

第三，"以少犯众，以弱侮强，愤怒不类，动不量力者，兵共杀之。"意思是说，以小犯大以弱犯强，愤怒得不伦不类，情绪不受控制，行动上又不自量力，很有可能被人砍死。

有很多"社会人"，他们好勇斗狠，动不动就要砍人，这是一种"垃圾型"人格，而惹恼了"垃圾人"，我们是要付出生命的代价的。这倒不是说我们要明哲保身事不关己高高挂起，而是说我们平时要远离那些有情绪的"垃圾人"，保护我们自己的生命而不死于非命。这三种方式，说的是审时度势控制情绪，说的是平心静气行道义之事，这样才能免于死于非命。而用孟子的说法，免于死于非命就是"正命"，这就是儒家的生命的智慧。

那么，为什么智者和仁者会长寿呢？孟子活了84岁，庄子活了80多岁，孔子活了73岁，老子更不知道是活了多少岁。

孔子说，"此三者，死非命也，人自取之，若夫智士仁人，将身有节，动静以义，喜怒以时，无害其性，虽得其寿焉，不亦可乎"。意思是说，使用自己的身体要有节制，做事情要做比较适合的事情，我们的喜怒哀乐要适合于自己的情绪和时节，不要伤害自己的性情，顺着自己的心情而不要强扭。做到了这四点，人必然会长寿。

孔子还讲了长寿的秘诀，第一，要节制自己的身体，否则会影响人的身体健康。第二，要做应该做的事情，要有所为有所不为。第三，要调节情绪，喜怒哀乐都会影响健康。

人生的智慧，就在于驾驭好自己的情绪，驾驭好自己狼奔豕突的心灵，如此，则一切安好。

知识链接

春秋五霸

春秋时期诸侯中势力最大的五个诸侯盟主。通常指齐桓公、宋襄公、晋文公、秦穆公、楚庄公。另一种说法是齐桓公、晋文公、楚庄公、吴王阖闾、越王勾践。

"中庸之道"的大智慧

现代社会有很多人数典忘祖,以为外国的月亮最圆,外国的文化最先进最优秀,昧着良心攻击我们优秀的传统文化,特别是儒家文化,认为儒家文化带给中国的是灾难,是落后,是不思进取,是自私自利。

在儒家文化中,最受攻击的大概有两个方面,一个认为儒家文化是一种奴役文化,它设计的仁义礼智信不过是帮助统治者奴役人民而已,是儒家和统治者欺骗人民的一种高级手段,总之儒家是统治者的帮凶。他们丝毫没有看到儒家思想在治理人心、弘扬道德、稳定社会方面所起到的重要作用。

第二点大概就是"中庸之道"了。没有认真研究过中庸思想的人,指责中庸思想就是一个人性的大染缸,它教会人们没有原则和稀泥,教会人们明哲保身,让人们不思进取,并把近代中国的落后挨打的板子,全部打到儒家思想的中庸之道上去,这其实是选择性的漠视,是一种只见树木不见森林的愚蠢做法。

历史证明,中华民族之所以能在经历过无数次的灾难之后,仍然屹立于世界民族之林,仍然能保持一条完整的文化发展脉络而没有断裂,仍然保持了大一统的文化格局,这有赖于儒家文化对政治、社会的稳定作用,也有赖于"中庸之道"中的现实主义的、理性主义的思维方法和人生智慧,有赖于对中国人的价值观和行事方式产生的深远影响。

作为儒家思想的创始人,孔子极为推崇"中庸之道",孔子曾赞叹:"中庸之为德也,其至矣乎!"把"中庸"视为人生至高的品德。作为一个有道德有境界的人,君子应当努力去追求"中庸之道"的境界。

虽然"中庸之道"这个词是孔子所说,但是其精神内涵并非来自孔子,而是来自更古老的典籍,来自中国古代圣贤的人生智慧,它是我们华夏先祖的人生经验。从这个意义上来说,中国人奉行"中庸之道",似乎是中国人的人生宿命和最佳选择。

尧说"允执其中",舜奉行"执其两端,用其中于民"的原则。这里面都说到了"中","中"不仅是一种道德境界,也是一种人生态度与智慧,是一种理性的、现实的、不迷狂的状态。孔子说:"君子中庸,小人反中庸",一个有道德有价值追求的人,类似于今天的知识分子,他们所追求的就是"中庸之道"。

小人也不是坏人,而是说那些没有知识、理想和道德追求的人,他们是反对中庸的。他们的行事方式往往走极端,要么懒得像猪,什么也不肯干,浑浑噩噩过一生;要么狂暴得像狼,做事容易走极端,也许就会在狂暴中结束自己的生命。他们是违反"中庸之道"而反其道而行之的。

那么,到底什么是"中庸之道"呢?这大概有两种解释。一种解释,"中"是"中正",不偏不倚,既不达不到又不能过头,我们要掌握一个平衡点。就像你看书几天几夜不睡觉，结果影响了身体，这不好；但你天天睡觉打游戏吃鸡，从来不去看书，这更加不对。

"庸"是普通、不偏不倚而又平平常常。人生行事，应该把握一个"度"，既不过分也无不及，不好高骛远，保持平常心。东汉的郑玄认为，"中"指"中和"，"庸"即"用"，"中庸"就是"中和之为用"，不偏激不走极端，不浮躁冒进，以中为贵以和为美，心平气和的人生就能造就心平气和的世界。

那么，"中庸之道"是不是和稀泥呢？不是。我们误解了"中"的真正意思。"中"不是几何学上的中点，也不是代数学上的平均值，更不是好好先生抹稀泥搞折中，而是指适中适度。简而言之，就是"恰如其分""恰到好处"。比如你去谈恋爱，你要"发乎情，止乎礼"，你一上来就发狂发疯，会把姑娘吓跑的。比如一种社会改革，也要遵循循序渐进适度推进，不改革社会无法进步，狂飙突进的改革又有可能适得其反。

曾点、曾参是父子关系，他们都是孔子的学生。曾参是个有名的大孝子，临死前还不肯死，还要叫人看看自己的身体、手脚有没有坏掉，要是坏掉了这就是不孝，因为身体发肤受之父母。

有一天曾参在田地里干活，笨手笨脚地把禾苗锄掉了，父亲曾点勃然大怒，拿起棍子狠揍曾参，曾参恭恭敬敬地站在那里也不躲，结果被打晕了。一会曾参醒过来，还恭恭敬

敬地对父亲说："儿子不孝，惹您生气了"。你看这得有多么孝顺。

但是孔子听到了这件事很生气，要开除曾参。孔子说，你父亲下狠手打你，有可能把你打死，如果把你打死，你父亲就会犯罪坐牢；即使不把你打死，打伤了你他也会伤心，也是一个过错。他打你，你就应该躲避，这才是真正的孝。你以为不躲避就是孝，那反而是在怂恿你父亲犯错，就是最大的不孝。原来，孔子批评曾参的原因是，他没有掌握好"中庸之道"，他做得太过了。

作为一种人生的方法论，"中庸之道"告诉我们，人生的大智慧就在于掌握好火候进退有度，平平淡淡才是真。

五种修身立德之道

儒家一贯强调修身立德之道，在儒家看来，修炼身心，提升道德，有五条道路可以走。

第一是修身为本。这句话出自《大学》。所谓"大学"，就是大学问，是关于人生价值与追求的大学问。《大学》告诉我们，中国人的人生之道在于修炼身心。《大学》中说：

古之欲明明德于天下者，先治其国；欲治其国者，先齐其家；欲齐其家者，先修其身；欲修其身者，先正其心；欲正其心者，先诚其意；欲诚其意者，先致其知，致知在格物。物格而后知至，知至而后意诚，意诚而后心正，心正而后身修，身修而后家齐，家齐而后国治，国治而后天下平。

《大学》给我们指明了修身的顺序。格物致知，诚意正心，修身齐家治国平天下。这是中国人的最高理想和价值追求。

第二是反思自己，古人叫自省。孔子说，"躬自厚而薄责于人"，意思是你对自己要严格一点儿，对别人要宽容一点儿，遇到事情要多想想自己的不是，这是一种严于律己宽以待人的处事原则。孔子还说，"见贤思齐，见不贤而内自省"。见到好人就向他学习，见到不好的人，我就要赶紧反思下自己，看看自己有没有像他那样，有的话赶紧改正。

曾子是孔子的弟子，在自省方面，比孔子要求还严格。他要求自己，每天多次反思自己的行为。他说我每天多次反

省自己,第一是反省自己替别人帮忙做事情,是否真的全心全意?第二是反省我和别人交朋友,是不是真的诚实守信?第三是反省我每天学习的东西,有没有运用到实践中去?这就是自省的精神。

第三是敬。庄重严肃有所敬畏。著名哲学家康德的墓志铭上写着,"有两种东西,我们越是反复地思索,他们就越给我们无已的赞叹和敬畏——头顶的星空和心中的道德法则",康德告诉我们,对自然与道德法则,要心存敬畏。宋代著名哲学家朱熹也说,我们做事要专心致志,要谨慎有所敬畏,不放松对自己的要求。

这种思想在《论语》中有很多。子路问孔子,君子应该怎样做?孔子说修炼好自己的道德,保持恭敬严谨,就是君子。孔子还专门论述过孝,这个对现在的我们特别有意义。孔子说:"今之孝者,谓之能养,至于犬马,皆能养也,不敬何以别乎?"现在我们所说的孝顺,就是能够养活父母而已,但是我们喂狗喂马,也是养活它们,要是没有真诚的爱与敬,那么我们孝顺父母不就和养狗养马一样吗?这就提醒我们,我们爱父母,不是给他们吃喝穿,而是要真心实意地爱他们,安慰他们的灵魂。

第四是慎独。慎独是《中庸》里面提出的。"道也者,不可须臾离也,可离非道也。是故君子戒慎乎其所不睹,恐惧乎其所不闻。莫见乎隐,莫显乎微,故君子慎其独也。"意思是,君子在别人看不见自己的地方很谨慎,在别人听不见的地方很害怕,这倒不是说君子是个胆小鬼,而是说君子在一个人独处的时候,在别人看不见的时候,越发严格要求自己,因为古人相信"举头三尺有神明"。

东汉时的杨震,是个大官也是个博古通今的大学问家,人称"关西夫子"。有人半夜给他送来了金子,杨震不收,那人说天黑了,又没有人知道。杨震说,天知地知你知我知,怎么会说没有人知道呢?

第五是存心养性。关于人性的问题,孟子认为人本性是善的。孟子说:"恻隐之心,人皆有之;羞恶之心,人皆有之;恭敬之心,人皆有之;是非之心,人皆有之。恻隐之心,仁也;羞恶之心,义也;恭敬之心,礼也;是非之心,智也。仁义礼智非由外铄我也,我固有之也。"

孟子认为,我们每个人都是善的。那么问题来了,既然我们都是善的,为什么这个社会上还有坏人呢。事实上,孟子并没有绝对地说人的本性是善的。他只是说人有善端,所谓的善端,就是向善的潜能和趋势。人为什么会变坏,就是因为受到环境的影响。事实上,孟子就是受环境的影响特别大的人。孟子小时候特别调皮,他们家一开始住在一个墓地旁边,孟子就跟着别人学送葬的游戏,搞得哭哭啼啼很不吉利。母亲就把家搬到一个大型超市旁边,孟子就跟着人学做生意,搞得一身铜臭气,孟母又把家搬到一个学校旁边,这下子孟子才跟着老师和同学,开始认真学习了。所以,荀子也告诉我们,"近朱者赤,近墨者黑",环境确实会对人的思想和行为造成很大影响。

在这种理论的基础上,孟子提出了"存心养性"的学说。首先我们要时刻避免被环境所影响,避免被外界的灯红酒绿花花世界所诱惑,否则的话,就会丢掉我们的善端和良心。孟子说,有人丢了一只鸡,还到处去找,但是现在有人把善端也就是良心给丢掉了,反倒不知道去找回已经丢掉的善心,不是很愚蠢吗?第二是要积极进行道德修炼。要善于保养"浩然之气",从而达到"富贵不能淫,贫贱不能移,威武不能屈"的大丈夫境界。

假如生活欺骗了你

王阳明是儒家的心学大师,他进一步发展了孟子、陆九渊的学说,并加以发扬光大,成为心学的集大成者。他的心学提倡致良知、知行合一,让人们从对外界的、功利的、世俗的求索中,转向重新发现自己的内心,用心体悟世界,从而获得心灵主体的自由和大彻大悟。

王阳明的心学,在儒家的历史风烟中,若天风海涛扑面而来,成为儒家的创新者和推动者,而王阳明本人也被誉为圣人,受到顶礼膜拜。

王阳明的成功,其实是他立志、意志和用心悟道的必然结果。他的文治武功,离不开心学的滋养。他重视心即自我意识的作用,认为只有重新回到内心、发现内心、澄明内心,认识到内心深处的良知，通过致良知达到人人可以为尧舜的目的。因为，只有驾驭了内心才能驾驭人生驾驭世界。

在喧嚣的世界中，人会遇到无数的困扰和诱惑，会有很多的不如意，这看似是由外界环境所引起的，其实源自我们内心的魔障。这是对心的陌生和疏离，是对欲望的过多顺从，对利益的过多求索。而按照良知学说的创始人孟子的说法，过多的、不合理的欲望会遮蔽我们的良知，失去了良知，我们就失去了做人的依据。因为，人与禽兽之间的区别，在于禽兽只有本能而人类有良知。而王阳明的致良知的学说，就是建立在孟子人性善和良知理论的基础上的。既然人类有良知，我们就要致良知，生命的意义在于努力认识、发现、挖掘并扩而充之我们内心深处的良知。

王阳明经常鼓励人们，"人人胸中各有圣人，只是自信不及，都自埋到了"。原来我们人人都有圣人之质，只是我们不自信没有发现而已。那么如何才能像孟子所说的那样"人皆可以为尧舜"？王阳明认为就要"致良知"与"知行合一"。所以，"致良知"和"知行合一"是王阳明心学的核心，也是现代人修心、静心、安心立命的大智慧。

虽然号称心学大师和明朝一哥，受后人景仰，其实王阳明的人生基本上在凄风残雨中度过。他有过失败彷徨，有过极端的孤独，有过生命朝不保夕的恐惧；他经历过背叛挨过板子；遭人暗杀被人诋毁，那么，他如何从地狱深处掀开一个盖子，艰难地走向光明？这一切都要靠心的领悟。王阳明说"破山中贼易，破心中贼难"，修心的过程，其实就是发现自己的良知、空明见性的过程，用佛家的话说就是破除我执的过程，是克制欲望看淡一切、破除恐惧忧愁患得患失的过程。

王阳明仅用三个月就平定了宁王之乱，但是在辉煌的反面，他遭遇了人生中的大麻烦，朝中有些官员在背后诋毁他，一时间谗言四起。这时候王阳明写了一首诗，叫《啾啾吟》，给自己点亮了暗夜中的一盏灯，在这盏明灯上，分明刻写着儒家的"三达德"："仁者不忧，知者不惑，勇者不惧"，写着道家的清静无为和佛家的破除我执的大解脱，写着当生活欺骗了你的时候，你所应该具有的大智慧。

知者不惑仁不忧，君胡戚戚眉双愁？
信步行来皆坦道，凭天判下非人谋。
用之则行舍即休，此身浩荡浮虚舟。
丈夫落落掀天地，岂顾束缚如穷囚！
千金之珠弹鸟雀，掘土何烦用镯镂？
君不见东家老翁防虎患，虎夜入室衔其头？
西家儿童不识虎，执竿驱虎如驱牛。
痴人惩噎遂废食，愚者畏溺先自投。
人生达命自洒落，忧谗避毁徒啾啾！

孔子说"君子坦荡荡，小人长戚戚"。君子光明磊落心底无私天地宽，而小人则斤斤计较患得患失，他们内心阴暗，善于使用阴谋诡计，这是两种人生境界的差别。孔子把"知者不惑,仁者不忧,勇者不惧"作为人生的三种高尚的道德。"知者不惑仁不忧,君胡戚戚眉双愁?"第一句说的就是孔子的"三达德"。人要做智者,就应该通过黑暗寻找光明,那又何来迷惑?要做仁者,就能够包容一切,那又何来忧愁呢?要做勇者,面对人生的不如意,面对小人的谗言和诋毁,又何必像个小人那样眉头紧锁愁容满面呢?

"信步行来皆坦道,凭天判下非人谋。"人生痛苦的根源其实在于一个争字,既然智者仁者能够放下一切包容一切看透一切,那么哪怕是荆棘密布的小路,我们也能如闲庭信步一般,走出美丽的心情和风景。王维说"行到水穷处,坐看云起时",人生没有绝望,就没有绝路,有的只是与众不同的风景。有些事情非人力之所能及,正所谓人算不如天算,有些事情,就让它随风而去吧。你又何必担心明天的太阳不会照常升起呢?所以,用王阳明的话说,我们只要抓住致良知的关键,尽人事知天命就行了。

"用之则行舍即休,此身浩荡浮虚舟。"孔子告诉弟子说,"用之则行,舍之则藏",机会来临时我就出来做官做出一番大事业,当没有机会的时候我就管理好我自己,完善自己的内心而韬光养晦。正如孟子所说"穷则独善其身,达则兼济天下"。王阳明把自己看作是孔子和颜渊,本身也契合了人人都可以做个圣人的理想。此时的王阳明已经看淡一切,人的生命就像是一只小船,漂浮在无边无际的太空之中,无忧无惧无愁,心如不系之舟,随处飘荡,这就是一种大自由的境界。

"丈夫落落掀天地，岂顾束缚如穷囚。"君子生在天地之间，本就光明磊落，没有私欲所以能明心见性，明心见性所以能致良知，怎么可能像个身穿囚衣的囚犯，被恐惧所束缚呢？

"千金之珠弹鸟雀，掘土何烦用镯镂？"千金之珠和镯镂本是名贵之物，但在我心里，它与凡物无异，我可以用它打鸟刨地，如此拿得起放得下，绝无滞碍绝不执着，正所谓富贵于我如浮云。

"君不见东家老翁防虎患，虎夜入室衔其头？痴人惩噎遂废食，愚者畏溺先自投。"老头子怕老虎，却被老虎吃掉；孩子不知道是虎，不知道惧怕，反而拿着棍子像赶牛一样驱赶老虎。这说明勇气的重要。有些事情，你怕什么就来什么，躲也躲不掉，不如勇敢地迎上去。若能做到勇者无惧，那么一切的流言蜚语都将如浮云一般烟消云散。无知的人怕被噎死，干脆不吃东西反被饿死，愚蠢的人怕被淹死，干脆自己淹死自己，这不就是愚蠢至极的行为吗。

"人生达命自洒落，忧谗避毁徒啾啾！"人生若能知心知命洞彻心机和天机，无论遇到什么艰难险阻，到哪都是洒脱的，而不用左顾右盼，不用心急如焚，不用狼奔豕突。你又何必在乎那些骂你的人呢，就把他们当作是鸟雀无聊的叫声吧。

如此达观释然,恰如王阳明的遗言：我心光明，夫复何言！

知识链接

信的别称

称"书"为"信",始于近代。在漫长的历史进程中,信又有许多别名、美称。因古时书函长约一尺,故名"尺牍""尺素""尺翰""尺简";古代传说鸿雁能传书,信又有了"鸿雁""雁足""雁帛""雁书"等代称;用白绢(或绸)写成的书信称为"尺素",后来"素"成为书信的代称;"函"原指信的封套,后来就称信件为"函";书筒原指盛书信的邮筒,"书筒"也成了书信的代称;古人也把书信放在竹木盒中,盒盖刻双鱼形,故又有"双鱼""双鲤""鱼书"等名称。

心学的力量

王阳明是中国文化中的儒家大师,他为中华文化做出最大的贡献是心学。心学对中国文化产生了深远的影响,已经成为中国人文化心理的一个组成部分。

王阳明的心学思想可以远溯到儒家亚圣孟子。孟子认为人人有良知良能,就像我们的四肢一样,先天地存在我们的内心。在宋代程朱理学之后,王阳明在陆九渊的"吾心即是宇宙，宇宙即是吾心"的理论影响下，在历经人间的无数的艰难险阻之后，在茫茫大荒的贵州龙场悟道，开创了他的心学理论。王阳明的心学体系包括三个方面。一是心即理；二是知行合一；三是致良知。这构成了王阳明心学大厦的三根基柱。

心学强调心的作用。王阳明认为万事万物都不在心外，而是在内心之中，因为万事万物都是依靠人的认识而存在的。王阳明说，"尔未看此花时，此花与尔心同归于寂。尔来看此花时，则此花颜色，一时明白起来。便知此花，不在尔的心外。"有人说这是唯心主义，其实不然。王阳明的意思是说，人认识了事物，这个事物对于我而言才发生价值，否则这个事物对于我而言是没有价值的，因为它没有被我所感知。就相当于一个风姿绰约的美女，我没有看见她，她就不在我的心里，这个美女于我而言，是没有意义的；一旦我看到这个美女了，她美丽的倩影在我心里投下了层层涟漪，她的美对我产生了价值和意义。所以，王阳明"心外无物"的哲学内涵并非心产生了万物，而是心认识了万物，万物对于我才产生了价值。

王阳明心学的独特价值在于，强调心的作用，强调人的生命洒脱活泼的灵明的体验。因为，对于一个人来说，唯有心境澄澈心无挂碍，才能达到大境界。

心学主张"心即理"。王阳明的心学是对朱熹等人理学的一种拨乱反正。王阳明认为天理存在于人心中，所以要格物致知，追寻天地万物的真相，你不应该骑驴找驴，只要到自己内心深处去找就行了，因为理就在自己内心深处。也就是说，我们总是通过心来认识外界万事万物的。因此所谓的"心即理"，其实就是自己所认同的价值观，一种价值观不被自己的本心所认同，那就不是理，所以，"心即理"其实就是人内心深处的本心，也就是孟子所说的良知。

知行关系一直是哲学家们思考的问题。它不仅是哲学问题，更是与生命息息相关的实践问题。换句话说，对知与行的认识，决定了我们的生活态度和心灵的修行。传统儒家认为，知是行的开始，知的善恶关乎行的善恶，所以你得学好不能学坏，一旦学坏了，你的行为也就是坏的了。

王阳明则在传统儒家的基础上提出了"知行合一"的思想，开创了中国儒家学说的新天地。王阳明认为，不管是知还是行，都源自自我内心的道德律令，都是心的本体。知行是同一个功夫不可脱离，不存在谁先谁后的问题。王阳明说，"知是行之始，行是知之成"，你有良知就要按照这个去做，不去做算不上知。

但这里存在一个问题，要是我想做一件坏事，那就立即去做吗？王阳明很显然已经考虑到这个逻辑的黑洞。儒家学说的基础是人性本善的理论，良知良能就是人类在内心深处的善念。当然，人是社会的动物，受到外在环境的影响会产生恶念。所以，王阳明提出"知行合一"的思想，最根本的宗旨是要去恶念，因为要是把知行分成两半的话，我心里有了恶念，但是还没有去做，我认为那就不是恶，我们就不知道去禁止，而这其实恰恰是恶的开始。"知行合一"就是让人们清醒，有了恶念的知就是行，所以必须从内心深处去除恶念，这就是知行合一的作用。

"致良知"是王阳明心学的核心。王阳明继承了孟子的思想，认为良知人人都有不需要外求，它是我们的本性。而致良知就是要把人的良知推广到万事万物。一个人只有首先认识到自己的良知，并且能够把良知推广扩展出去，才能达到天地一体的境界。"致良知"不仅是王阳明心学的核心，也是中国儒家道德修养论的核心。在"致良知"的理论基础上，王阳明还提出了一系列道德修养方法，比如克己省察、静坐，万事要在事情上磨炼和自信立志等。只有这样，我们才能把心擦得更亮，不让良知被欲望污染遮蔽，只有这样才能达到真正的良知。

王阳明心学立足于人的内心，是一种让人内心强大的哲学，也是襄助人走向成功走向圣境的力量。

人生之路并不平坦，人生的诱惑也有很多，而我们将如何面对茫然无措慌张的生活？按照王阳明的心学理论，只有收拾好内心，才能够在混乱复杂的社会中，找到一处安静、安然、淡然的精神家园！

如何战胜心中贼

这世界上的贼人太多了，多如牛毛，而我们心中的贼更多，多如恒河沙数。

这世界上充满了贼人。有窃国的大盗；有穿墙过壁的小毛贼；有呼啸山林的山贼，这些其实不足为惧。因为他们是外显现实的，用武力就能解决。而存在于我们心中的贼，却很少有人能战胜它。

人毕竟是欲望的动物。

按照儒家的观点，既能克己又能成人的人，就是圣人了。而按照道家的观点，能做到扫除心中的种种杂念绮念，做到无名无功无己，这同样是圣人神人和至人了，这就达到了逍遥的境界。这是中国人的理想人格。而所谓理想，从来都是立于最远的地方，不容易达到的彼岸。

明朝正德十三年。王阳明率兵剿匪，而匪患已经蔓延了数十年。王阳明仅仅用了几个月，就完成了几十年没有完成的任务。但王阳明一点儿也不骄傲。他写信给自己的学生说，"破山中贼易，破心中贼难。区区剪除鼠窃，何足为异。若诸贤扫荡心腹之寇，以收廓清之功，此诚大丈夫不世之伟绩。"

王阳明认为，山中之贼可以用武力解决，这是很容易的事情，而盘踞在我们内心的贼，却时时刻刻与我们战斗。他们势力强大到几乎战胜了所有的人，而且还将战胜更多的人。他们是我们内心的魔鬼，之所以我们无法战胜他们，是因为那个魔鬼,其实就是我们自己。

世界上最难战胜的人,就是自己!

睿智的老子指出,"知人者智,知己者明。胜人者有力,胜己者强"。能看清别人,叫聪明;而能看清楚自己,才叫智慧。能战胜别人,叫勇猛有力;而能战胜自己,才是世界上最强大的人。

人为什么要战胜自己,是因为人的心中有贼。人为什么很难战胜自己,是因为我们的心中,在良知之外,还有叫私欲的东西。

王阳明是心学的集大成者。王阳明的心学,来自孟子的性善论和欲求自得的理论;来自陆九渊的"吾心即是宇宙,宇宙即是吾心"的理论;来自他自己创立的心外无物和致良知的理论。

在宋朝理学普遍关注外物的规律,希望以格物来致知,以各种身外的现实的秩序来强制性规范人行为的时候,王阳明发现了理学的不足。理学的不足是对心的忽略,是知与行的割裂。而在王阳明看来,一切外物在被我们的内心认识感受之前,是没有意义的。

王阳明说,"你未看此花时,此花与汝心同归于寂。你来看此花时,则此花颜色一时明白起来。"这说明,心才是具有决定意义的,心才是万物的根本。心的好坏决定了世界的好坏。所以,世界坏了不是万事万物坏掉了,而是我们失去了本心,失去了我们内心中本来存在的良知。用孟子的话说，我们丢掉了本心却不知道去寻找，丢了鸡和狗却满世界去找，这是很可悲的事情，所以，孟子说："学问之道无他，求放心而已"，人生的价值就在于寻回已经丢失的良心。

圣贤的根本任务是要么拯救世界要么拯救心灵。而在心学的集大成者王阳明看来，拯救了心灵就拯救了世界。所以，救世不如救心；破山中贼，不如破心中贼。

"纸上得来终觉浅，绝知此事要躬行"。致良知的理论认为，人生的根本任务是把良知良能转化为良行。光说不练割裂了知与行的关系。因此，王阳明认为，拯救世界，先拯救心灵；战胜世界，先战胜自己。因为心是万事万物的根本，只有疗救人心才能拯救人生，才能解决现实社会问题。因此，王阳明的"心学"并不是纸上学问，而是实践中的智慧。

王阳明的心学为我们找到了成为圣贤的道路。王阳明说，"天地虽大，但有一念向善，心存良知，虽凡夫俗子，皆可为圣贤。"也就是说，人与人之间是平等的，因为我们心中都有良知，只要我们能心存向上向善之心，我们就能成为圣人，这与孟子的"人皆可以为尧舜"有异曲同工之妙。

王阳明的"心学四句"，可以作为致良知的关键途径。王阳明说，"无善无恶是心之体，有善有恶是意之动，知善知恶是良知，为善去恶是格物。"良知让我们知道了善恶，既然知道了善恶，就应该在事上磨炼，这就是"格物致知"。而"格物致知"就需要我们，不断为善去恶克除不善，消去各种欲望和焦虑，斗败心中贼。

人心中的贼实在太多了。我们有自私自利之贼，有妒忌之贼，有求名之贼，有求利之贼，有贪图权位之贼，有贪图美色之贼，有行事不决之贼，有瞻前顾后之贼，有心浮气躁之贼。那么多贼，我们真是名副其实的贼王。

那么，如何才能去掉心中的贼？如何才能过一段天朗气清俯仰无愧的生活？

中国文化强调成人之道，而成人就要克己，克己就要返回自己的内心，找回自己的善端和良知，然后将内心的良知外化于这个世界。这就是王阳明一生强调的"知行合一"的人生精神。

王阳明的"龙场顿悟"

禅宗讲究顿悟，当你长时期思考琢磨一件事情，在很多次无功而返的时刻，在某一个不经意的时刻，脑袋好像开了个天窗，一下子恍然大悟，明白了社会、人生的哲理。这种顿悟给人带来的是心灵的澄澈和一扫胸间阴霾的快感。

王阳明的"龙场顿悟"，为我们带来了心学。"龙场顿悟"为王阳明奠定了心学集大成者的地位。之所以说王阳明是心学的集大成者，而不是奠基者，主要是因为没有一种学说是从天而降而没有任何因循，王阳明所因循的正是先秦儒家的大师孟子。因此，孟子才是心学的奠基者。

孟子的性善学说指出，人人都有善端有良知，只要人能够正确地认识自己，并能将内心的善端发扬光大，那么人人都可以成贤成圣。在孟子之后，南宋的陆九渊提出"吾心即是宇宙，宇宙即是吾心"的理论，从此开拓了孟子之后心学的一条大道。王阳明反对朱熹的先知后行和格物致知的理论，认为人生的终极使命不是格物，而是要格心，因为万事万物的理，不在事物上而在心上。

让我们再回到那个伟大的夜晚，回到那一场天崩地裂般的顿悟。在历经无数次艰难险阻和人生磨难之后，王阳明日夜反省突然醍醐灌顶：我们每一个人都有成为圣贤的理想，但到底如何去成为圣贤，完成自己的理想？

王阳明写给弟子的一首诗给了答案。《咏良知四首示诸生》：

人人自有定盘针，万化根源总在心。

却笑从前颠倒见，枝枝叶叶外头寻。

王阳明说，每个人都有心，心就是良知，良知就像定盘针那样给我们指示方向。所以，找寻人生的方向和价值，就要先找寻自己的良知，到哪里找呢？到自己的内心去找，正所谓善恶之间存乎一心！

王阳明顿悟到一个道理："圣人之道，吾性自足，向之求理于事物者误也"。原来人生的真善美假丑恶，只是一种表面的现象，而真正的终极价值和规律，恰恰就在我们心中。只有我们真正沉入内心，发现内心的价值，倾听内心的声音，按照内心的指示，人生的目标才能实现。

在龙场悟道之后，王阳明写了一篇文章，告诉弟子做人和心学之要，这可以说是龙场顿悟的主要内容。在文中，王阳明告诉弟子的四种做人之要。

第一是立志。人生首要的任务是立志。"志不立，天下无可成之事。虽百工技艺，未有不本于志者。今学者旷废隳惰，玩岁愒时，而百无所成，皆由于志之未立耳。故立志而圣，则圣矣；立志而贤，则贤矣；志不立，如无舵之舟，无衔之马，漂荡奔逸，终亦何所底乎？"

王阳明说，就算是那些工匠，练成普通的技能也要以立志为根本，更别说更大的事业。一个人如果没有志向，就好像船没有舵木、马没有衔环，只能随波逐流，人生就会像一盘散沙。用现在的话说，志向就如同定盘星、指南针，关系着人生之路的平衡和方向。

王阳明秉承了孟子的"人皆可以为尧舜"的思想，他说立志成为圣人就会成为圣人；立志成为贤人就会成为贤人。推而广之，不论你想做什么、做成什么，想成为什么样的人、得到什么东西，立志都是第一步、大基础和真关键。

第二是勤学。聪明也许不需要勤学，但是智慧来自勤学苦练。从知行合一思想的角度来说，知伴随的是行，而行是人的社会实践行为，因此，知与行须臾不可分离。王阳明说："已立志为君子，自当从事于学。凡学之不勤，必其志之尚未笃也。从吾游者，不以聪慧警捷为高，而以勤确谦抑为上。"王阳明说，立志成为君子之后，就要勤于学习，因为非学无以广才,非志无以成学。如果你立了志却做不到勤学,那说明你的志向根本就不坚定。要立志还要志向坚定,这才是王阳明所强调的立志的完整内涵。

第三是改过。人不贵于无过,而贵于能改过。人时时刻刻需要砥砺警醒自己,需要自省的人生精神。孔子说人是不可能不犯错误的,重要的是要能勇敢地改正错误,并且能像颜回那样不贰过,不犯同样的错误。

从某种意义上来说,没有经过反思的人生,不是一个深刻完整的人生。王阳明同样强调了自省和改过的重要性。"夫过者,自大贤所不免,然不害其卒为大贤者,为其能改也。故不贵于无过,而贵于能改过。"王阳明说,就算是圣人也不免犯错误。圣人与常人之别,其实不在犯不犯错误上,而在于能不能及时、不断地改正错误。

第四是责善。朋友之道,忠告而善道。中国文化特别重视朋友之道,把朋友之道作为中国人的五伦之一。儒家的朋友之道,鲜明地体现了儒家灵活、中庸的思想。王阳明说,"责善,朋友之道",然"须忠告而善道之","悉其忠爱,致其婉曲,使彼闻之而可从,绎之而可改,有所感而无所怒,乃为善耳"。

对于与朋友相处,王阳明只强调了一点——要"忠告而善道之"。即对于朋友的过失,要做到尽力地劝告和开导,但要注意说话的方式。只有这样,才能尽到自己对朋友忠诚爱护的心意。

怎样才是好的说话方式？王阳明说，就是在劝告和开导朋友时，要做到态度尽可能地婉转曲折，因为只有这样朋友才更容易接受、进而反思，才能明白其中的道理、进而改正，对自己则就只有感激而没有恼怒。这完全是从孔子的思想生发而来。孔子就说，朋友之道忠告而善道之。意思是说，你对朋友一片冰心在玉壶，他有错误你第一时间指出来，你觉得是为了朋友的进步，但是别人听到你一天到晚地指责他批评他，让他下不来台，朋友就会以为你看不起他，这样就做不成朋友了。因此，朋友之道，既要给他指出大道，又要给点儿面子。如此，才能实实在在地有益于别人，有益于增进彼此的感情。这是修养的体现，也是说话的智慧。

孔子为何大骂宰予

在我们的印象中，孔子是文质彬彬的君子，是充满爱心有教无类的老师。

在政治上，孔子不争，国君冷落他了，他就带着弟子走人；在教学上，孔子根据学生的性格特点循循善诱，基本上不骂人；他连上课都很诗意，于杏树下悠然弹琴，学生们在树下或坐或卧读书，很有诗与远方的感觉。

但诗意仅存在于孔子喜欢的弟子身上，比如颜回。孔子把颜回当成宝，要不每天夸一遍，他都觉得愧对人生。

诗意的校园生活，对于刺头宰予来说，只是失意。

如果一个学生被老师公开批评,且批评的话竟然成了网红语言,二千年来兴盛不衰,那么对这个学生来说,人生太难了,而宰予就是那个被骂惨的学生。

有一天,孔子正在上课,我估计是上周礼课,因为孔子梦想恢复周礼,拯救那个已经礼崩乐坏的世界。而宰予对此不感兴趣,睡着了。

孔子大怒,他认为宰予不够尊重自己——再烂的老师也讨厌学生在自己口若悬河的时候睡觉,哪怕是如"雌兔眼迷离"一般都不行。孔子大骂宰予"朽木不可雕也,粪土之墙不可污也",说白了就是骂他"烂泥扶不上墙"。从此,聪明的且有反叛精神的宰予成了"问题学生",搞得人们一听到朽木和粪土之墙,就想起上课睡觉被骂的那个倒霉孩子。

其实,宰予并非如此不堪。他是孔子排定的"孔门十哲"之一,名列"言语科"第一名,比口若悬河的职业外交家子贡还牛。宰予在后世发展得越来越好,他在唐朝被封为"齐侯",在北宋被封为"临淄公",在南宋更是被封为"齐公"。

这说明两个道理,第一,问题学生并不一定是坏学生,他们也有权力有能力拥有美好的未来;第二,再好的老师也有走眼的时候。

宰予是少有的敢和孔子较劲的学生。有一次,他问了孔子一个两难的问题:有一个仁者掉进井里,另一个仁者要不要去救?因为跳下去就是死,但是转身走人就是见死不救,那就不是仁者。孔子很生气,说君子不是拿来愚弄的,就这样把问题糊弄过去。

孔子对宰予充满了成见,他还说自己看错了人,"以言取人,失之宰予",认为宰予花言巧语愚弄了他,他以前是"听其言而信其行",自从看清了宰予后,就"听其言而观其行"了。

孔子为何如此不待见宰予?他不是春风化雨般爱着每个学生吗?

其实,孔子与宰予的分歧是主义之争。因为,宰予对孔子推崇的丧礼制度有不同意见。

儒家特别重视丧礼,即使是砸锅卖铁也要按照礼制办一场声势浩大的葬礼,然后要守孝三年,不能结婚生子,不能下地干活,更不能笑容灿烂,总之你得悲伤得不成人样,这样才是大孝子。

而宰予认为守孝三年,既浪费时间又浪费人力,建议缩短为一年。孔子就问他,才一年你就吃上了大米,穿上了绫罗绸缎,你心安吗?宰予说我心安啊。孔子简直气晕,说那你就去心安吧。

宰予走后,孔子说他不仁,是个小人。我们生下来三岁才离开父母的怀抱,服丧三年是天下通行的制度,难道宰予对父母连三年的爱都没有吗?

宰予并非不孝之子,他也不一定心安,但他为何要冒被天下人指责的风险说心安呢?

在说宰予之前,我们不妨说说宰予之后的墨子,那时墨子也许尚未出生。墨子原是儒家弟子,因为反对儒家的礼乐特别是重丧制度，离开儒家成立了墨家，成为儒家专业的反对者。

墨子观察世界的立足点是有用，凡是有看得见实效的东西就是好的，反之就是坏的。而儒家的葬礼既浪费时间又浪费人力物力，应该在取缔之列。

看来，在墨家学派之前，这种功利实用主义思想在宰予那里就已经有了苗头。也就是说，孔子大概从宰予的身上，看到了内部反叛者的迹象。

而不仅是宰予，连孔子最爱的弟子子贡也有了这种思想。

子贡在鲁国做官时，曾经想改革一种祭礼。按照周礼，周天子每年秋冬之交会把第二年的历书交给诸侯，诸侯要把历书放在祖庙里，每到初一就要去祖庙去告祭。但当时鲁君早已经懒得去了，就杀一只羊作为祭品糊弄过去。

子贡认为，既然不去祭祀了，羊已经没有作用了，干脆就把羊撤了，也省了一只羊。孔子听了大怒，批评子贡说，"汝爱其羊，吾爱其礼"，子贡你爱惜的是羊，而我爱惜的是礼。

由此可见，宰予和子贡注重实际，是典型的功利实用主义者，既然礼已经不再适用，也产生不了实际效果，为何还要守着不放呢？

而孔子思考问题的角度显然不同。在孔子看来，礼不仅是一种形式，更是一种社会秩序与规范。从硬性规范转化为道德情感，需要长期的仪式感支撑。也就是说，从"礼制"到"礼教"，需要长期的礼仪实践，从而内化于心外化于行。

虽然孔子不相信鬼神，但他强调"祭神如神在"，就是要用严肃的仪式感强化内心的道德感。

生活没有了仪式感,人们就会缺乏对礼的敬畏与热爱,而没有虔诚的热爱,礼也就徒有其名了。因此,孔子不仅要人们遵守礼,还要人们将礼转化成为内心的情感与道德,做到真学真信真用。

孔子重视守丧三年之礼,是为了强化人们对祖先的敬,而将敬转化为现实的孝,在家国一体的宗法制度下,孝自然就能够转化为忠。如此,才能构建一个有序有礼的社会。

因此,孔子大骂宰予的真实原因是,要推行生活的仪式感;孔子与宰予之争,实质上是维护礼与放弃礼的主义之争。

如何做慈善

孔子弟子众多贤人辈出,但在孔子身边,与他关系最密切的却是子贡和子路两个弟子。

子贡是卫国来的留学生,聪明机智能言善辩,且擅长做生意,是个出色的外交家和大富豪,用现代的眼光来看,子贡好比是马云。因此,子贡深得孔子的喜爱,有大事难事都交给子贡去办。

子路是鲁国的"野人",出身贫寒。年轻时学做"古惑仔",戴着公鸡毛装饰的帽子,佩着猪皮装饰的剑,在鲁国的大街上大摇大摆"炸街"。他曾经与人高马大的孔子相遇,可能还把孔子打了一顿,后来折服于孔子的道德学问,拜在孔子门下,成为孔子的弟子、保镖、司机和"不同政见者",经常事不过脑暴跳如雷,批评孔子,惹得孔子很生气。

于是,批评子路就成了孔子除周游列国之外最主要的事情,孔子是一三五小骂,二四六大骂,周日不休加班骂。

孔子的核心思想是"仁者爱人",在仁爱思想的逻辑下,他又提出了"仁义礼智"的道德伦理准则,提倡人们过一种有爱的有序的道德生活。在孔子的教育下,孔门弟子大多文质彬彬有君子气质,且充满爱心,经常做好事帮助别人。孔子大多给予鼓励。

但有一件事改变了人们对孔子的看法。

为富也仁的子贡去齐国办事时,遇到了一些贫困无依沦落为奴隶的鲁国人。子贡慷慨解囊,自己花钱替他们赎身带回祖国。按鲁国的规定,替在外为奴的鲁国人赎身的人,可以去国库领一笔赏金。但子贡对赏金毫不在乎,不仅做了好事,还给政府省下一大笔钱。

鲁国人认为子贡是大慈善家,媒体连篇累牍地宣传,子贡成了鲁国最可爱的人。

但孔子很不高兴,他把子贡叫过来,狠狠地骂了一顿。

孔子说,做好事不拿奖赏,在私人道德上值得鼓励,但也给世人树立了一个"坏榜样",别人也想赎回奴隶,但又羞于去领赏,你子贡有钱可以不在乎,但绝大部分人是做不到的,这样就逐渐没有人再去做赎回奴隶的事情了。

子贡的道德在无形中拉高了道德门槛,让人做好事时陷入一种深深的道德焦虑之中,想做好事却变得裹足不前。

因此,子贡做了一件好事,客观上却带来了不利的后果,因此,子贡的善,客观上却是一种恶。

大大咧咧的子路,遇见一个农夫落水,他冒着生命危险将农夫救上岸来。农夫无以为报,干脆送给他一头牛,子路也未推辞,牵着牛高高兴兴地走了。

鲁国人认为子路真不是东西,他救人其实就是牵走人家的牛,媒体连篇累牍地讨论批判,都说子路太功利太贪婪。

孔子却很开心,并且希望媒体继续加大传播力度,将子路救人得了一头牛的事情公告天下,让别人知道,凡是见义勇为奋不顾身救人的人,都可以获得一笔重酬。

子贡做慈善不拿一分钱，却被孔子批评；子路救人牵走了牛，被孔子表扬。

孔子难道吃错了药？很多人不理解孔子，因为这与他"仁者爱人"的思想自相矛盾。但孔子无所谓，因为"知我者谓我心忧，不知我者谓我何愁"。

理解一个哲学家的境界，需要我们站在更高的视角。

儒家思想不仅是道德层面的伦理哲学，仅仅提倡爱与道德，孔子更希望建立一个温暖有序仁爱的"大同世界"。他需要站在国家政策制定者的立场上来看问题，而制定国家政策的落脚点是促进绝大多数人的利益。子贡做好事不收报酬，仅仅对子贡的私德有利，却在客观上拉升了道德门槛，让别人想做好事而没有能力去做，这损害了广大奴隶的利益。

而子路救人收取回报，这似乎有损于子路的私德，但在客观上却有助于全社会养成助人为乐的风气，于天下人有利。因此，子路所谓的"恶"，其实也是一种善。

深谙人性之道的孔子，触及了人性当中深层次的问题——人都是趋利避害的，有利则行，无利则舍。因此制定政策一定要遵循于绝大多数人有利的原则。

孔子的做法也体现了儒家哲学中的"中庸之道"和"过犹不及"的人生方法论——违背人性和过头的事情，一定是不利于社会和谐发展的。

一种思想能否为人接受，取决于是否贴近实际，是否理性。拿孔子的"仁者爱人"与墨子的"兼爱"思想来说，孔

子的"仁者爱人"是先易后难,从血缘关系出发,从我们的亲人、朋友爱起,有余力则爱天下人。这样人人都愿意、有能力去爱,从而实现天下大爱,因为,较低的道德门槛让大部分人愿意遵守道德。

而墨子的"兼爱"思想,则要求人们不计个人私利,无偿无怨无悔地去爱天下每一个人。事实上,于大部分人而言,这只是一种美好的愿望,因为他们没有能力,没有条件去爱天下所有人。所以墨家的"兼爱"理想事实上是抬高了道德门槛,让人们在道德面前无路可走。

于人而言,让道德可学可行有回报,才是"仁者爱人"的真谛。

孔子为何反对"言必信,行必果"

孔子高度重视诚信,认为人要是没有诚信的品质,就无法在社会上立足。他说,"人而无信,不知其可也。大车无輗,小车无軏,其何以行之哉?"孔子认为,诚信是人立足社会所必须具有的品质,人要是不讲诚信,就像牛车、马车上,没有车辕与轭相连接的木销子,就无法行走。从这里我们可以看出,孔子把诚信的品质看成是车之两轮与鸟之两翼,人生道路是否顺遂,关键是看我们是否有诚信的品质。

孔子把诚信看成是人的立身之道,但孔子却反对"言必信,行必果",还把这样的人看成是小人,这难道不矛盾吗?

孔子的弟子子贡，立志做个外交家。有一天，他问孔子，如何做一个合格的士。孔子循序渐进地讲了士的三个境界。

孔子说，上等的士，是通晓礼义廉耻，为国家做事，不辱使命的人。次等的士是在宗族乡邻中都称赞为孝悌忠信的人。再次等的士是说到就要做到，生硬不懂权变只为自己言行负责的人。

在孔子看来，上等的士，要有羞耻心。这很显然受到了管仲思想的影响，因为法家的管仲提出了"礼义廉耻，国之四维"的主张。"行己有耻"的思想也影响了孟子，孟子在此基础上，提出了义的概念，提倡人生要有所为有所不为，而为与不为的标准就是义。中等的士，是在宗族和乡党之中，能遵从孝悌的人生法则，享有很高的威望的人。第三等的士，就是那些说到就一定要做到的人，在孔子的眼中，这些人是小人。

问题来了，孔子一方面说诚信是人的立身之本，另一方面又讽刺那些言必信行必果的人是小人，到底原因何在？

让我们说一个故事。

孔子带着弟子们周游列国找工作时，在匡地差点儿被人打，幸亏孔子风轻云淡地弹奏了一曲，把匡人赶走，然后带着弟子们继续前进。孔子一行刚离开匡地，到了蒲地，又被人围住了。原来蒲地一个贵族反叛了卫灵公，害怕孔子回去报信，就要把他们都抓起来。这时，那个带来五辆车马的公良孺，带人同蒲人打了起来。双方势均力敌僵持不下，最后决定谈判，蒲人要求孔子承诺不回卫国，孔子答应不回卫国，最终得以脱身。

一脱离险境，孔子就命令马上向卫国国都帝丘前进。子贡不解地问，和约上不是规定不能去卫国吗？孔子说，那是在被要挟的情况下签订的，神是不会信的。言下之意是，所谓的外交辞令都是一些骗人的鬼话。由此可见，孔子是个相当灵活的人，他身上既有"知其不可而为之"的决绝，又有"无可无不可"的灵活，他绝不会死守诚信的教条，而让自己置于危险境地。

孔子不赞成"头撞南墙终不悔"的"一根筋"。在《论语》中，有一个特别直爽守信的人，叫微生高。孔子曾经批评过他，说"孰谓微生高直？或乞醯焉，乞诸其邻而与之"。意思是，"谁说微生高这个人直爽呀？有人向他讨点儿醋，他不明说自己没有，却到邻居家去要了点儿醋给人"。庄子也讲过一个故事，微生高和一个姑娘相约在河边见面，结果姑娘没来，洪水来了。直爽守信的微生高先生不肯爽约，就抱着河边的柱子，直到洪水淹没了他的头顶，姑娘也没有来。

这两个故事说明，孔子绝对不是知其不可而为之的一根筋，在他身上，有着无可无不可的灵活与变通。

儒家的处世哲学最高境界是"中庸"，方法论是"过犹不及"。儒家提倡为人做事要有理性主义的精神，要不偏不倚正好，不到是不对的，而过了头也是不对的。所以，孔子认为那些认为立下了承诺就要去完成的人，没有灵活变通的精神,这就是太浅薄太固执的人,和孔子嘲笑的微生高是一样的,为了一个虚无缥缈的承诺,付出了生命,这就是蠢猪式的诚信。

孔子的生死观

黑格尔说,"任何人都要死,自然的死亡是一种绝对的法律"。因此,生与死的问题就成了人类的头等大事。任何一个哲学家都会去探讨生与死的问题,因为生与死的意义其实也是人类所要探索的终极目的。

但儒家的创始人孔子,却对死亡的事情不大关心。子路曾经问他关于死亡的事情,孔子很不高兴,他用很不耐烦的态度把子路的问题怼了回去。孔子说:"不知生,焉知死?"你首先要把生这件事情搞明白了,然后再去搞明白死的事情。

孔子一生积极进取,他关注的是如何活得有价值的问题,对于死亡的问题,孔子不是很关心,与之相联系的是,孔子对于死后的世界和鬼神的问题,同样淡然待之。

孔子的哲学其实是人间的伦理学,是人如何处理好世界与人生与社会的关系的哲学。更为重要的是人如何处理好与别人与自己的心灵的关系。儒家的人生哲学其实是一种入世的现实的哲学,它不关心宗教的情感、价值和仪式,因此儒家哲学不是宗教,它没有所崇拜的彼岸的神灵,儒家所崇拜的圣人不是神,他们是人类中的佼佼者,而不是呼风唤雨法力无边的神。

对于生与死，孔子的态度很鲜明：生大于死。儒家关心的是人类应该如何去生活，怎样的生活才是有价值的，如何将生命的价值最大化，而不是探讨死了之后会怎么样。因为那毕竟是虚无缥缈的谁也不清楚的事情——毕竟孔子所关心的是现实的此岸世界，而不是虚幻的彼岸世界。

彼岸世界或者说死去的鬼神的世界，谁也不知道，那就不要去说它了吧。孔子是个极为现实而理性更加努力的人，他容不得别人偷懒，容不得别人将时间浪费在既无法证实也无法证伪的虚幻的事情上去。但孔子又不绝对化，他对于鬼神是既不肯定也不否定，正确的态度就是"祭神，如神在"，只要保持你的心灵洁净与虔诚就够了，这就是儒家所强调的"诚"。这说明，"诚"，既是儒家的价值观，更是儒家人生的方法论。

孔子对于死亡与鬼神的态度充分体现了他的"中庸"思想，而"中庸"思想的核心是在现实生活的运用，是我们活着的时候应遵循的价值观与方法论。它是积极入世理性主义的。因此，孔子对儒家哲学的最大贡献是没有把儒家变成儒教，也没有把人们对死亡的思考引向宗教的迷狂。

孔子的学说的核心是人，基本内涵是"仁者爱人"。既然人是需要被爱的，那就意味着人必须有价值，在孔子看来，人的价值就在于他有一个活泼的生命，而生命的价值是人的最高价值。

所以，孔子高度重视人的生命价值。他家的马厩失火，他问人不问马;他认为一个国家最重要的三件事就是"斋、战、疾",无论是祭祀战争还是疾病,这些都与人的生命价值有关。孔子反对战争,因为战争会消灭人的生命;孔子强烈反对用木俑陶俑殉葬的做法,这个做法固然用木俑陶俑代替了活生生的人,毕竟脑子里还有用人殉葬的想法。

孔子第一个发现了人的价值,就是生命的价值。那么人活着如何才有价值有意义呢?儒家学说对人最高要求是"内圣外王","内圣"就是修炼崇高的道德;"外王"就是带领人类创造美好的生活。在"内圣外王"理念的激励下,儒家知识分子一生都会遵循"诚意正心格物致知齐家治国平天下"的道路,这就是活着的意义。

而死亡又有什么意义呢?死亡是生命的终结,肉体的消灭意味着一切都不复存在,而死亡有价值吗?孔子认为死亡的价值也许就在于证明活着的价值,因为人固然要死,但他的精神与价值却可以传承下去,这叫做不朽,而"太上有立德,其次有立功,其次有立言,此三者谓之不朽",这就是儒家所提倡的人生意义。

所以,孔子的生死观就是:活着就要有价值有意义,死也要死之有道死得其所。

> 知识链接

周礼

　　周代的社会道德规范统称为"礼",在举行礼仪活动时,常常歌舞相伴。相传西周的礼乐是由周公制定的。周公对以前的礼乐进行了加工和改造,就成为"周礼"。周礼分为五礼:吉礼,用于各种祭祀活动;凶礼,用于哀悯吊唁各种灾祸;宾礼,用于诸侯朝见天子;军礼,用于军事和相关的领域;嘉礼,用于各种吉庆的活动,包括饮食、婚冠、宴享、贺庆等。周代的礼乐主要通行于士和士以上的贵族阶层,天子用以约束贵族的行为,明确他们之间的尊卑关系。对于下层人民而言,则以刑罚治之,礼乐是不适用的,所以说"刑不上大夫,礼不下庶人"。

第四篇　谨严的墨家

墨家的生死观

墨家是从儒家分离出来的学派。墨子原来是儒家的弟子，因为反对儒家的"厚葬""礼乐"等烦琐的礼仪，愤而出走做了儒家的"叛徒"，另立门户成立了墨家。这是一个纪律严明的准军事组织，也有人把他们说成是中国最早的"黑社会"，但墨家绝对不是现代意义上的"黑社会"，这是一群以维护天下公利为最高追求的组织。

墨子反对儒家的厚葬与礼乐的出发点是：唯有能给社会带来利益的事情，才是正当与正义的。而儒家倡导的厚葬与礼乐制度，无法产生任何利益，只会带来社会生产的浪费。因此，如果说儒家是道德主义的话，那么墨家就是典型的功利主义。

墨家提出的"兼爱""非攻""天志""明鬼""尚同""节用"与"非乐"等理论，都是建立在能为天下带来大利的基础上的。为了天下公利，墨子和他的弟子们赴汤蹈火万死不辞。这也意味着墨家在功利主义的基础上又加上了理想主义——只要有利于天下,身体再大的痛苦都能忍受;只要有利于天下,可以义无反顾地献出自己的生命。

墨家是相信鬼神的,但墨家的落脚点并非虚幻的彼岸世界,他们深爱着现实人生。恰恰因为深爱,让墨家有了爱惜生命畏惧死亡的生死观。

墨子说"民生为甚欲,死为甚憎",人们总希望能活下去,害怕憎恶死亡。墨家承认活着是人的天性与权力,因此墨子尖锐地批评统治者为了一己之私利发动战争以致生灵涂炭的行为,这也是墨子提出"兼爱""非攻"的主要原因。

墨家重视生命,但并没有滑入道教渴望长生不老与杨朱学派赤裸裸的纵欲享乐主义的深渊。因为墨家认为个人的生命虽然珍贵,但并不是人类的最高价值,这个世界上还有比生命更为宝贵的东西。

墨子说,一切事物没有比正义更可贵的。如果现在对某人说,给你帽子和鞋子,然后斩断你的手脚,你愿不愿意做呢?这人一定不愿意。为什么?就因为帽子和鞋子比不上手足可贵。给你天下,然后把你杀死,你愿不愿意做这件事呢?一定不愿意。为什么?就因天下比不上生命可贵。可是为了争论一句话而互相厮杀,这就是把正义看得比生命更为可贵啊!所以说一切事物没有比正义更可贵的。

墨子说,豪华的帽子与鞋子的价值比不上手足,天下的价值比不上生命的宝贵,但是义的价值却高于生命,这个义乃天下之大利与大义。

由此，墨家自然推导出以下的结论：生命诚可贵，但为了正义却可以抛弃生命。

这样我们就可以解释墨家学派为何都是一群毫不利己专门利人的人的原因了。墨子一生席不暇暖四处奔波，即使摩秃头顶磨坏了脚跟，还要奔走于各国之间制止不义战争维护和平。墨子的弟子们大多是英勇无畏的死士和行侠仗义的侠客，为了义可以勇敢赴死；为了义，他们可以"赴火蹈刃，死不还踵"。

墨家重视生命，却把生命的过程当作奉献身心的过程；墨家其实畏死，但为了天下的公利却能"捐躯赴国难，视死忽如归"，为了天下的大利与大义，勇敢地献出自己的生命。

儒家的人格理想是有功于世的圣人，是文质彬彬的君子；道家的人格理想则是抱朴守一的赤子婴儿；墨家的理想人格则是为天下的利益鞠躬尽瘁死而后已的英雄。

正是在墨家生死观的影响之下，墨家的子弟不是成了守边的将士，就是行侠仗义的游侠。他们是一群理想主义的英雄，虽然墨家此后消失于历史之中，但他们值得我们永远致敬！

命运在我不在天

古希腊哲学家说，人是万物的尺度。

在中国哲学史上，诸子百家蜂起的战国时代，是人性觉醒和人的价值大发现的时期，哲学家们开始探索人的自我价值的问题。这个问题是从对人与禽兽之间区别的追问开始的。

孔子下班时，有仆人告诉他马厩失火了，孔子第一反应是问伤人了没有，而没有去问作为贵重财产的马，这说明孔子认识到人的价值是高于动物的，孔子还认为人与鸟兽不可同群，根本就不是一类。

孟子特别害怕人滑落到禽兽一类，他认为人与禽兽之间的区别在于性善和道德，人一旦无法保持善性、修炼道德，人将与禽兽同类。

道家在给人与动物作出区分的问题上并无兴趣，老子和庄子均认为人应该顺其自然解放天性，与天地合一才能实现

逍遥，虽然老子认为，"域中有四大，天大，地大，人大，道大"，事实上，他认为人与禽兽在大自然中是同类。

墨家学派与儒道哲学在对人与禽兽区别的认识上有所不同。墨子认为，人之所以幸而成人，人不同于禽兽的地方，在于人必须依靠自身的努力才能够生存，人也必须足够努力，才能获得更美好的生活。

对人与禽兽区别的认识，关系到人生价值观的确立。

儒家认为人与禽兽的区别在于道德，因此儒家提倡成贤成圣成君子，过一种道德生活；道家强调人与自然同在与天地合一，因此他们提倡顺应自然清静无为的逍遥之道；而墨子则认为，人活着靠天靠地不靠谱，依靠别人靠不住，必须通过自我努力才能生存下去。

由此，墨子提出了自己的人生观——"强力"与"非命"。墨子比较了人与禽兽的区别，他说，动物有羽毛可以御寒，有蹄爪可以觅食，这是大自然的赐予和造化，但人不同，人必须依靠自我力量去改造自然，使"自然之物"转变为"人化之物"，因此，"强力"是生存的前提。活着，需要人生的努力；而活得更好，则需要更艰苦卓绝的努力。

墨子告诉我们一个再明白不过的道理，世间没有救世主，一切都只能靠自己的努力，努力会让你更强大，努力会让你更富裕，努力会让你摆脱贫困。所以人生不能懈怠，人生犹如一场马拉松，你必须拼尽全力努力奔跑，才能迎来撞线一刻的快乐与幸福。墨子认为，幸福是奋斗而来的，而不是靠上天的赏赐。这说明，墨子并不相信天命的力量。

但命运又是人永远绕不开的问题，它是一种外在于人的不确定的力量。在人类的童年时期，人们相信有一种力量在冥冥中掌控着一切，人如蝼蚁一般渺小无助，因此人只能匍匐在命运的脚下，接受命运的安排。

对命运的不同态度决定了不同的人生观。孔子说"君子畏天命"，要对不可知的命运怀有敬畏之心。而更加努力的孟子则将命运定义成"莫之致而至者，命也"，一件事情你没有让它来，它来了，这就是命运。不过孟子比孔子要更加积极，孟子认为人的努力可以改变命运，这就是"君子不立危墙之下"的精神。

道家的命运观充满了悲剧色彩。庄子认为，人不要与命运对着干，要"知其不可奈何而安之若命"，淡然地接受一切，因为一切都是最好的安排。

而墨子在"强力"理论的逻辑之下，提出了"非命"的人生理论。在墨子看来，人的命运、人生的幸福取决于自我的努力，而不是取决于谁也没有见过的命运。只要人类能够充分发挥自己的"强力"，就能征服与改造自然。这与先秦儒家的集大成者荀子的"人定胜天"的理论异曲同工，或者我们可以说，是荀子借鉴了墨子的"非命"理论。

墨子特别担心人类因为相信命运而失去了积极向上的动力，这也是他强烈反对儒家天命观的原因。墨子说，儒家把"贫穷寿夭，治乱安危"看作是由不可改变的命运决定的，这种思想可能导致丧失天下的恶果，因为如果大家都相信命运的安排，以为"应富则富，应贫则贫"，一切都是命中注定的话，那么人存在的价值何在？人的强力、智慧、勇气、意志，积极向上的拼搏精神将变得毫无意义，人类将丧失一切前进向上的动力，最终将沦落成自然的奴隶，沦落成禽兽的玩偶。总之，人类一旦失去了"强力"，将什么也不是。

墨子的"强力"和"非命"的理论，希望建立一种积极有为的人生观。墨子告诉我们，人间根本就没有什么命运之神，如果有，那就是人类自我的努力。

墨家与中国侠客精神

侠是什么？侠客不是脸红脖子粗一言不合就拿刀砍人的人，那不是侠客，只是地痞流氓而已；侠是什么？侠客不是为了一己私利为统一武林而在江湖掀起腥风血雨，如任我行、东方不败之类；侠客是反金的王重阳，是死守襄阳的郭靖，是反清复明的陈近南。

中国历史上从来不缺少侠客，也不缺少侠客精神。但春秋战国时期的游侠，往往以"士为知己者死"的精神激励自己，他们勇敢无畏勇于献身，往往只是为了一个死士的虚名。而真正的侠客，是属于群体的，属于社会的，是为天下人的利益而献身的勇士和君子。所以，金庸先生说，"侠之大者，为国为民"，他笔下的大侠郭靖，正是这种侠客精神的化身。

"侠之大者,为国为民",这才是真正的中国侠客精神。而如果我们要为这种精神找到一个源头的话,那就是墨家。

墨子是哲学家中的侠客,是侠客中的哲学家。

在墨子身上,鲜明地体现了侠客为国为民的家国情怀和人间大爱。墨子并非中国游侠的祖师,但墨子却是中国侠客的引路人和精神导师。从某种意义上来说,墨子匡正了春秋时期的游侠精神,为游侠精神赋予了家国情怀,赋予了社会公义,赋予了人间大爱。没有墨子的精神引导,发源于春秋时期的游侠,很可能发展成专业杀手和死士。

谭嗣同把墨子的学说总结为两个方面,一是任侠,他认为墨家学派具有拯救天下苍生的兼爱精神,相比于儒家的仁爱更进一步;二是格致,墨家崇尚科学精神、逻辑推理,致力于发明创造发展科学技术。墨家学派在战国时期普遍重视人学伦理的各学派中,无疑更为进步。

基于此,墨子的弟子们要么是"捐躯赴国难,视死忽如归"的侠义勇士;要么是精通科技、逻辑推理的巨匠和辩士。而与此对比,孔子的弟子多是宽衣博带文质彬彬的君子;老子的弟子多为清心寡欲浪迹江湖不问世事的隐士。从入世的角度来看,墨家学派更积极更努力。

墨子和他的弟子大多是行侠仗义之人,所以墨家成员有"墨侠"之称。一贯与墨家学派不共戴天的孟子,也很欣赏墨子的"为天下之人利"的精神;一贯看透人生虚幻、命运之无可奈何的冷眼派的庄子,也说墨子是天下的好人。

墨子把治国安邦作为最高目标,以匡救时弊兴国安民为己任,以兼爱为最高理想,以反对不义战争为手段,广收门徒著书立说,积极奔走周旋于列国之间,谋求国与国之间的和平相处。作为影响力巨大的学派,墨家在短暂的辉煌之后湮灭于历史之中,但墨子所提倡的"兼爱""非攻"的理论,却以侠客精神的形式流传下来,深刻地影响了中国历史的走向和中国人的精神。

真正的大侠绝不会杀人如麻,相反他必定是一个仁者仁心人间大爱的人,这种情怀来自墨子的"兼爱"思想。有了"兼爱"思想,墨子和他的弟子们,可以为萍水相逢的弱者披肝沥胆;可以为保卫弱国而慷慨赴死;可以毫无保留地像爱自己的亲人一样去爱别人。

墨子告诉自己和弟子,"摩顶放踵利天下,而为之",为了天下的公利,墨家弟子哪怕是摩秃脑袋、磨坏了脚跟,也要义无反顾地走下去,这正是"侠之大者,为国为民"的情怀,这也是中国侠客精神的内核。

真正的侠客,眼中没有私利,只有义与不义之分。而要论对义的重视,没有任何学派比得上墨家。对儒家来说,仁爱才是最重要的价值观,而义只是仁义礼智中的第二位。而墨子说,"万事莫贵于义",世界上没有比正义更为珍贵的事情,于人而言,维护正义比保存生命更为重要。所以,墨子提出人的价值观应该是:"以行天下之大利,除天下之大害"。因此,真正的侠客是义之所在,虽千万人吾往矣;义之所在,虽万金在前美色在侧,除义之外,与我何干?

既然"兼爱",就要反对歧视与压迫。大国侵略吞并小国是不义;以强凌弱是不义,因此都要强烈反对。所以,墨子提出了"非攻"的理论,并带领弟子组成了武装集团,奔走于齐鲁宋楚之间,不惜牺牲生命,只为制止不义战争维护和平,维护他们的兼爱理想。

真正的侠客都是一诺千金的人,这也是中国侠客重要的文化精神。墨子为这种精神做了最明确的注释,他崇尚"言必信,行必果",强调有诺必守,君子一言驷马难追。墨家巨子孟胜为了践行代守阳城的诺言,与弟子一百多人自杀于阳城,用生命践行了一诺千金的侠客精神。

真正的侠客是锄强扶弱扶贫济困的人。墨子心怀天下苍生,他说民有三患:"饥者不得食,寒者不得衣,劳者不得息",面对不平等,他告诉弟子们,"有力者疾以助人,有财者勉以分人",所以墨子的弟子多勇士多侠客,喜欢行侠仗义锄强扶弱,这也是中国侠客重要的行为特征。

真正的侠客从来不邀虚名,这种精神也来自墨家。墨子在帮助制止了楚国侵略宋国之后,飘然而去,这正是李白所说的"事了拂衣去,深藏功与名"的大境界。

墨家为何会走向没落?

中国是个礼仪仁爱之邦,特别讲究互敬互爱,可以说,一部儒家思想史，基本上写满了爱字。儒家学说强调"仁者爱人"，不过爱是有亲疏次序的。我们首先爱自己的父母，这叫"孝"，其次是爱自己的兄长等，这叫"悌"，爱完了亲人，再爱朋友爱上司，最后爱普天下的人"让世界充满爱"。

这种思想从孔子发端，而孟子将孔子的"仁爱"扩展为"仁政"，要求统治者关爱自己的子民。于是，自西汉开始，儒家成为封建社会统治者最喜欢的官方学说，因为它很好地满足了统治者和被统治者的心理需要——儒家学说告诉统治者要爱子民，告诉百姓要爱君主，大家互敬互爱，甚至像恋人那样相濡以沫天荒地老，那样的日子简直不要太好。所以儒家成为中国传统文化的主流思想，成为中国哲学江湖的第一大门派。

但儒家这种建立在血缘和宗法关系上的爱，还是有些功利性。因为它要求我们要先爱父母，然后再爱朋友和社会大众，这种爱在墨家学派看来境界不高。

墨家认为，既然爱了，全天下的人都是我的爱人，何必分什么远近亲疏？用现在年轻人的语言，就是"让我一次爱个够"，甚至是"死了都要爱"。这种"洒向人间都是爱"的伟大境界构成了墨家学派核心宗旨——"兼爱"思想。从这个意义上来说，墨家学派的创始人和弟子们都是东北人，因为有一首歌是这样唱的，"东北人全是活雷锋"。

事实上，墨家学派的创始人墨子老家倒是和东北仅一海之隔。据说他是战国时期宋国人，后来长期居住在鲁国。墨子是个出身于下层社会的手工艺者,还是个充满理想的人文主义者。他一开始追随儒家学说,后来对儒家学说中的某些方面很不满意,比如儒家强调"亲亲"先来后到的爱;强调"尊尊"高低有别的爱;儒家强调礼仪,特别是不惜倾家荡产也要大操大办葬礼的厚葬。作为一个地位低下艰难度日的手工艺者,墨子特别反对铺张浪费,认为儒家厚葬的思想阻碍社会进步,不应该把钱财浪费在死人身上。他曾经很恶毒地讽刺以主持葬礼为职业的儒家学派的某些人,"富人有丧,乃大悦,曰:此衣食之端也",意思是,"太好了,那边富人家死人了,我们又有吃有喝了"。因为对儒家学说很不认同,后来墨子干脆自立门户,建立了曾经在战国时代风靡一时的墨家学派。

墨家可能是中国最早的民间结社组织,有着严密组织和严格纪律,类似于早年上海滩上的青帮,但与打家劫舍胡作非为的黑社会不同,这是一个充满了爱的教派。墨家的成员都自称为"墨者",其最高领袖被称为"巨子"或"钜子"。墨者一般来自社会底层,有勇于献身的侠义精神,有乐于奉献的博爱精神。他们在正义面前往往"赴汤蹈刃,死不还踵",意思是说至死也不后转脚跟后退,可以说是"纵死犹闻侠骨香"的英雄。

墨子是个坚定的和平主义者,他应该是春秋时期"诺贝尔和平奖终身奖"得主。他反对战争热爱和平,主张"兼爱"和"非攻"。墨家都是实用主义者,他们可能是最早的"保险主义者"。墨家认为，你要是平时去爱别人，别人也会在你困难的时候爱你，就像一句流传甚广的保险广告语，"平时付出一滴水，难时拥有太平洋"。

墨家的主要思想主张是：人与人之间平等的相爱(兼爱)，反对侵略战争(非攻)，为了制止战争，墨子甚至不惜带着勇于牺牲的弟子们血战疆场，只为制止一场不义战争。墨家推崇节约、反对铺张浪费(节用)，重视鬼神对人的约束(明鬼)，掌握自然规律(天志)等。

墨家在战国时期曾经风靡一时，风头远远超过了儒家学派，但是很快就被淹没在历史的风尘之中。墨家没落的因素固然很多，但墨家过于理想主义是导致其没落的主要原因。因为，一种道德理想必须贴合社会大众的实际承受能力，不宜对人们要求过高，否则就只能是无法实现的空想。

这一点孔子就认识得很清楚。孔子的弟子子贡是个既有钱又有爱心的人，有一次，他从齐国赎回了一个鲁国的奴隶，并没有去鲁国国库去报销费用，这种无私奉献的行为却被孔子痛骂一顿。孔子的理由是，你子贡有钱可以无私奉献做好事，但这却提高了全社会的道德标准，而那些没钱的人，就不好意思做好事了，那样的话，做好事的人就会减少。孔子的另外一个弟子子路，有一次救了一个溺水的人，人家为了感谢子路，送了他一头牛，子路心安理得地牵着牛走了，这个行为却受到了孔子的表扬。孔子的意思是，做好事应该要收获回报，这样才能鼓励更多的人做好事。从这一点上说，儒家学派的有亲疏远近高低尊卑的爱，很符合社会现实，所以能够经久不衰，成为中国社会的主流思想。

而墨子要求撒向人间全是爱，甚至是不计成本不惜生命的"死了都要爱"，这样的理想主义听起来很美，实际上却只能是温情脉脉的幻想而已。

此外，就像战国的名字一样，这个时代的特点就是战争，数百年打来打去，在那个弱肉强食的时代，战争是保存自己、吃掉别人最好的武器，而墨子的思想与现实严重脱节，所以墨家学派盛极而衰，但他们留给历史一个温情脉脉的人文主义的背影。

知识链接

《诗经》

中国第一部诗歌总集，约成书于春秋中期，起初叫做《诗》，因为后来传世的版本中共记载有311首，为了叙述方便，就称作"诗三百"。之所以改称《诗经》，是由于汉武帝以《诗》《书》《礼》《易》《春秋》为"五经"的缘故。《诗经》现存305篇（此外有目无诗的6篇，共311篇），分《风》《雅》《颂》三部分。《风》出自各地的民歌，是《诗经》中的精华部分；《雅》即正声雅乐，是周王朝国都附近的乐歌，分《大雅》《小雅》；《颂》则为宗庙祭祀之诗歌。

墨子为何做了儒家的"叛徒"

墨子是我国战国时期著名的思想家；是苦行僧一样的行动派；是坚定的和平主义爱好者；是主张爱天下一切人的博爱主义者；是不相信命运的奋斗主义者；是坚定反对儒家学说的著名思想家；是专业反对儒家的儒家"叛徒"。

从这一段的描述，我们可以看出来，墨家强烈反对儒家思想。然而，墨子曾是儒家的弟子。我们最深爱的人，往往伤害最深；我们最熟悉的人，往往最后成为翻白眼的陌生人，墨家学派和儒家学派就是这样的关系。

墨子本来是儒家学派的弟子，后来发现儒家学说有很多的弱点和缺陷，就毅然决然离开了儒家学派自立门户，成立了一个纪律严明、苦行僧一般的准军事组织——墨家学派。

既然是儒家学派坚定的"叛徒"，墨子坚决反对儒家学派的一系列思想。

首先是如何爱人的问题。儒家思想的核心是仁者爱人，就是说人要爱别人。但儒家是又一个理性现实主义的学派，他们认为，天下的人实在太多，要是全心全意爱每一个人，根本就爱不过来，那样的话，所谓的爱就是一个美丽的梦想。所以儒家认为爱有差等。要先爱自己的父母，然后是亲人朋友等，这样有差别、循序渐进的爱，能让世界变得美好。

而墨家是一个热情洋溢的理想主义学派。墨家认为，爱人就要全心全意，就要毫不利己专门利人，要像爱自己的父母一样平等地爱天下每一个人。他们提出了一个类似于爱的保险的学说，就是说这个世界上，你要是爱别人，那么别人也一定会爱你；你付出了爱，别人会有更多的爱给你，这样的世界简直不要太好。这种爱的理论叫"兼爱"。所以，墨家认为儒家学派的爱人是不够充分的。

其次是在厚葬的理论上。儒家认为人伦的核心是孝，而在孝的基础上，人的任务是事死和事生。在对待父母亲人的死亡的问题上，办一场隆重的葬礼以寄托哀思，就是人生第一大事。所以，儒家主张厚葬，子女要守孝二十五个月，不能出去干活，至于娱乐以及生孩子这种事，更在禁止之列，要全心全意地守孝。而墨家是现实的功利主义者。墨家学派认为，人既然已经死了，就没有必要那么浪费时间、人力和物力，因为这样的话，不利于社会的进步。所以，墨子强烈反对儒家的厚葬学说，还很恶毒地骂那些以做丧礼为生的儒家弟子，讽刺他们是看到死人就开心的发死人财的"贱儒"。

第三，在对待命运的问题上。孔子是相信命运的，他认为命运是一种外在于自身的、人类无法控制的外在的力量。孔子的弟子说过"死生有命，富贵在天"，这大概也是孔子的观点。虽然孔子主张人在命运面前要有所为，而不是消极的对待命运。但在如何对待命运的这个问题上，墨家学派更加激进。墨子认为，人要是相信命运的话，就是给了自己懒惰的理由，人在命运面前，一定要努力！

其他还有如对待礼、对待天、对待鬼神、对待贤人等方面，与儒家学说都有不同。墨家这种对儒家学派全盘否定的行为，儒家学说的第二号人物孟子很生气，认为墨子这是欺师灭祖，是大逆不道，他的兼爱思想是无父的行为，这种行为就是禽兽！

墨家思想的逻辑关系

在战国的哲学江湖上，老子、孔子和墨子，是真正称得上开山立派的大哲学家。

老子创立的道家学派，以"清静无为道法自然"为价值观；孔子创立了儒家学派，提倡"仁者爱人"，强调道德修炼"内圣外王"的价值观；而墨子则创立了墨家学派，以"兼相爱，交相利"为人生旨归。

墨子曾经是儒家弟子，因不满儒家的礼乐制度和厚葬等理念，离开儒家创立了墨家学派，其影响力在短时间内急剧提升，一跃成为战国时期最有影响力的学派，与道家弟子杨朱创立的杨朱学派并驾齐驱，成为当时的显学。

墨家为何能在诸子百家争鸣中脱颖而出？主要原因是墨子的哲学符合社会底层人们的需求。墨子所描绘的平等友爱的理想社会；他所推崇的"兼君""兼士"的理想人格，说出了人们的心声。墨子有雄辩之才，还有强大的社会动员能力，是当时的"网红"哲学家。他甚至将海量的粉丝转化成为一个具有严明纪律性的准政治性组织——墨家学派,墨子是墨家学派的首任"巨子",是名副其实的"黑老大",后世的游侠、替天行道的农民起义的精神与理论,或明或暗地受到了墨家学派思想的影响。

老子做过周朝图书馆馆长,孔子在鲁国曾任过代理宰相,他们都是上层社会的代言人。而墨子只是一个普通人,有人说他是被脸上刻字的囚犯,也有人说他是技巧高超的工匠发明家,而根据墨子自己的说法,他是"农与工肆之人",是农民与手工业者的代表。

墨子的哲学思想具有严明的逻辑体系,他的观点一共有十条,分别是,尚贤、尚同、节用、节葬、非乐、非命、尊天、事鬼、兼爱和非攻。这些学说看似十分庞杂,实际上贯穿了一条逻辑主线——利益。墨子是非常现实的功利主义者,他观察世界的标准是有用,只要有利于天下的就提倡,反之就反对。

第一是兼爱。墨子反对孔子的爱有差等的思想,他主张毫无分别地爱天下每一个人,把别人的亲人当成自己的亲人,把别人的国家当成自己的国家,平等地不求回报地去爱别人。墨子说,"爱人者,人必从而爱之,利人者,人必从而利之",爱能够给人带来好处,如同别人结婚你随礼,等你结婚时候你就能加倍收回投资,这就是人类的投桃报李的感恩心理。

那么如何才能让人都去爱别人呢?墨子提出了以上率下的"尚同"思想。墨子说,"天下之百姓皆上同于天子",天下百姓都要听天子的话,天子让我们爱谁我们就爱谁,对天子要绝对服从。从这个意义上来说，墨子的尚同思想与法家没有区别，都有绝对专制主义思想的影子。

天子的权力也需要监督，否则就没了制衡的力量。既然人间百姓要绝对服从天子，那么谁来制衡天子呢？墨子提出了"尊天"理论。上天是有意志的，可以明辨人间的善恶，上天的善就是"兼相爱"，不善就是"不爱"，人间天子必须服从上天的意志，否则就会受到惩罚。

除了尊天，墨子还提出了"事鬼"，把鬼神搬出来作为权力的另一种制衡方式。因为"举头三尺皆神明"，人们只要相信鬼神的力量，就会有敬畏之心，就不敢做坏事，所以"尊天"与"事鬼"是墨子用来制衡天子权力、吓唬贪官污吏的一种工具罢了。

墨子的节用、节葬、非乐等理论，同样具有鲜明的功利主义色彩。节用就是开源节流，提倡简朴节约的生活，这有利于社会发展；儒家提倡的厚葬守孝三年的繁杂仪式，不仅浪费金钱更浪费时间，最重要的是，守孝三年期间不准生孩子，不利于人口增长；儒家的礼乐制度，也造成财富的巨大浪费。在墨子看来，敲敲打打唱歌跳舞产生不了社会财富，所以也在反对之列。

"非命"是墨子的重要思想。儒家把命运当成一种无可奈何的力量，但墨子认为，人如果相信一切都是命中注定，那么就没有奋斗的欲望，社会将充斥着懒惰和无所事事的人，这无疑会对社会产生不利影响。墨子的"非命"理论，强调个人的努力，体现了昂扬向上的人生观和积极入世的人生精神。

最后是"非攻"思想。墨子是坚定的和平主义者，他为了维护和平，制止不义战争，带领弟子作为死士，誓死保卫弱小国家。他的想法很朴素，因为战争导致土地荒芜人口减少，同样不利于社会发展，因此他强烈反对不义战争，哪怕付出生命也在所不辞。

由此我们可以为墨子庞杂的思想，总结成三个部分，画出一条主线。三个部分是：以功利为目的的兼爱理想；以尚同为主的专制倾向；以尊天、事鬼为主的宗教意识。而一条主线是"交相利"，兼爱、尚同、尚贤、节用、节葬、非乐与非命等理论，都是为社会人生谋取公利的手段。

"兼相爱"与"仁爱"

墨子是中国哲学史上最具有博爱情怀，闪烁着人性迷人光辉的思想家。

他是战国时期最有影响力的哲学家，他的学派在当时是"显学"，拥有无数真诚地信奉他的"兼爱"哲学的粉丝；他是坚定的和平主义者，为了践行"非攻"思想，他带领弟子们"慷慨赴国难，视死忽如归"，帮助弱小的国家抵御大国的侵略；他又是伟大的科学家，差一点儿开启了中国科学的黄金时代；他是极具正义感的侠客，中国的"侠之大者，为国为民"的游侠精神，就起源于墨家学派的思想。

他是侠客，是佛陀，是基督，是心怀天下无我奉献的人。

墨家学派虽然早已经湮灭在历史的风尘之中，但他思想的光辉却从来没有黯淡过，至今仍然在影响着我们。

在中国哲学派别中，儒家也是爱的哲学。孔子提倡"仁者爱人"，孟子渴望建立"仁政"、实现"王道"理想，都建立在爱人的基础上。但儒家的爱遮遮掩掩，而墨家的爱浓郁热烈。

墨子最初也是儒家弟子，但最终脱离儒家另立门户，成立了一个具有严明组织纪律的政治团体——墨家学派。墨子强烈反对孔子的"仁者爱人"的思想，但他反对的不是爱这个世界，他反对的是孔子的爱太狭隘，不够博爱。

孔子的"仁者爱人"思想，是建立在血缘关系和宗法制度基础上的爱。换言之，孔子的爱有先后次序和高低差等之分。孔子要人先爱自己的父母，然后爱兄弟、姐妹、同事朋友、上级乃至国君，因为孔子认为，只有这种由近及远的爱才最现实，一方面容易实现，另一方面可以有效地维护社会秩序。而墨子认为，如果爱，就真爱他人；如果爱，就深爱世界。墨子说，"视人之国若视其国；视人之家若视其家；视人之身若视其身"，在他眼里，爱是没有界限的，他人是我，我是他人。

墨子是那个兵荒马乱的世界中最温暖的男子，作为"兼爱"哲学的创始人，墨子喜欢用爱的眼睛去观察世界。

对于战国时代的兵荒马乱生灵涂炭，哲学家们都在反思世界混乱的原因，寻找建立理想世界的方法。孔子认为，世界混乱是人与人之间失去了秩序，所以他要"正名"，从而建立"君君臣臣，父父子子"的有序的世界；而墨子认为，"天下之人皆不相爱，凡天下祸篡怨恨，其所以起者，以不相爱生也"。国与国之间的战争，人与人之间的欺骗，其实都根源于"不相爱"——要么失去了爱的能力，要么根本就不想不懂得去爱。

从这个逻辑出发，墨子提出了"兼相爱，交相利"的学说，希望用一种更广泛更无私的博爱，去对抗儒家狭隘的爱与法家的阴谋算计。

墨家之所以在短时间内成为战国时期最具影响力的学派，除了温情脉脉的爱人学说极易打动人心之外，更为重要的是，墨子将爱与利结合在一起。他告诉人们，爱能给人带来实实在在的好处，"兼相爱"是手段，而"交相利"才是真正的目的。

墨子是一个极为现实极功利的思想家，他观察世界的标准是有用，一切对人、社会有利的行为，都是值得提倡的。基于此，墨子的"兼爱"思想类似于一种保险的理论，爱别人就像买了一份保险，你去爱别人，为别人带去利益，别人自然也会爱你，为你带来利益。正如他所说的那样，"爱人者人必从而爱之；利人者人必从而利之"，天下人只有相爱互利，才能建立一个"强不执弱，众不劫寡，富不侮贫，贵不傲贱，诈不欺愚"的平等的爱的世界。

墨子的"兼爱"与孔子的"仁者爱人"的思想，区别是明显的。孔子的"仁者爱人"只是一种看不见的、在精神层面起到规范作用的道德律令，靠的是自觉的境界，吸引力不够；而墨子的"兼爱"思想则迎合了广大中下层阶级的心理需求。他们既渴望在慌乱的世界中得到温暖的爱，更希望能够解决他们的温饱和平等的问题，既然爱能带来好处，那么大家就信墨子得真爱，无私地去爱吧！

在这个时期，墨子的"兼爱"思想与道家杨朱"拔一毛利天下而不为"的极端利己主义一起，成为当时的显学，这说明战国时期已经出现了人性觉醒和人生价值的大发现，人们开始思考人的本质和价值的问题。这样的思考，终于让空洞的儒家的"仁者爱人"的道德律令靠边站，差一点儿就淹没在历史的长河中。直到"亚圣"孟子的出现，他以滔滔雄辩和"平治天下舍我其谁"的自信，以及"虽千万人，吾往矣"的勇气与担当，扭转了儒家日渐式微的局面。

墨家的"兼相爱交相利"的思想，与近代西方的合理利己主义也有所不同。墨子心心念念的"交相利"的"利"，其实是社会和国家的公利，而不是私人利益，否则他的学派将滑入道家杨朱极端利己主义的深渊。而近代西方的合理利己主义，追求的是个人私利，为了让别人不妨碍自己的私利，我也不去妨碍别人的私利。这一点，与孔子的"己欲立而立人，己欲达而达人"有异曲同工之妙。而墨子提倡先人后己，他主张"与人谋事，先人得之；与人举事，先人成之"的价值观。

从这个意义上来说，墨子的爱像太阳，他希望我们每个人都献出一份爱，如同太阳无私地照耀着每个人的身体，温暖着每个人的心灵。

> **知识链接**
>
> **《诗经》"六义"**
>
> 指的是风、雅、颂、赋、比、兴，前三者指的是诗的不同体制；后三者指的是诗的不同表现手法。朱熹在《诗集传》中解释说："赋者，敷陈其事而直言之者也"，"比者，以彼物比此物也"，"兴者，先言他物以引起所咏之辞也"。

墨子与孟子的隔空大辩论

战国时期，中华民族文化的天空出现了曙光，在被称为"文化轴心时代"的时期，中华文化智慧如井喷般爆发，诸子百家登上历史舞台，以他们深邃的思想影响了中华文化的未来，中华文化的发展方式、路径，中国人的思维方式、价值理念从此基本定型。

孔子创立的儒家学说，以"仁者爱人"为依归，强调秩序提倡"正名",崇尚仁义礼智的道德价值,希望建立一个温情脉脉又各安其位的社会。孔子通过开办私学、周游列国游说诸侯,传播儒家思想,一时儒生众多风光无二。

挑战者总会从内部出现,这似乎是历史发展的铁律。儒家一个弟子对儒家提倡的"爱有差等"、厚葬、礼乐、"死生有命,富贵在天"等理论深感不满,他心怀兼爱天下的理想,毅然离开了儒家学派,靠身体力行的苦修实践和坚韧不拔的意志,奔走各国舌战群儒,终于让自己的学派成为战国时期的显学,与杨朱建立的"拔一毛利天下而不为"的极端利己主义学派,共同瓜分了战国思想市场的份额,这个人就是墨子。他所建立的墨家,是中国思想史上最具爱民情怀,最坚韧的理想主义学派。

墨家倡导的"兼爱"与"非攻",对处于长期战乱生命朝不保夕的下层民众,产生了强烈的吸引力。墨家因此一跃成为当时第一大学派。墨家能战胜儒家,除了理论贴近民众需要更接地气之外,还与墨家学派创始人墨子本人的修养与素质有莫大的关系。

儒家创始人孔子,说话做事如清风细雨润物无声,是文质彬彬的君子,而墨子与之完全不同,他勇敢而坚强,一副侠客的胸怀,更为难得的是,墨子是逻辑学大师,深厚的逻辑素养让他拥有滔滔雄辩的能力。在与儒家的对决中,墨子不是靠武功,而是靠辩论的力量,将儒家驳得体无完肤。因此,墨家是儒家的最大反对派,墨子也成为孔子最强有力的挑战者。

历史总有惊人的相似，百年之后儒家的弟子中也产出现了一个勇敢的斗士、著名的辩论家，他同样用滔滔雄辩将墨家弟子驳得哑口无言，止住了儒家急剧下降的颓势，有力地打击了墨家学派，这个人就是孟子。

墨子是孔子最大的反对者和批判者，而孟子对墨子而言，亦是如此。墨子是战国早期最有名的毒舌辩论家，而孟子是战国中期最伟大的辩手，曾经在高手云集的稷下学宫舌战群雄，同样是著名毒舌。两大伟大的思想家没能当面对决，墨子的辩论对象是孔子的徒孙们，而孟子亦是如此，最终墨家弟子输给了儒家弟子，墨家也从此一蹶不振走向没落。

其实，孟子的辩论技巧来自墨子，他用墨子的武功战胜了墨子的传人，这一点酷似以其人之道还治其人之身的姑苏慕容。

战国时期人们发现了人的价值是有别于并高于禽兽的。孔子说"鸟兽不可同群"，孟子更是喜欢骂人叫做禽兽。而墨子在这一点也持有同样的看法。一个有趣的现象是，墨家和儒家都喜欢互相指责对方是禽兽，甚至是禽兽不如。

墨子曾经与孔子的徒孙有过一场精彩的辩论。子夏的弟子问墨子，君子之间是否有争斗？墨子说没有。子夏的学生说，猪狗等禽兽都有争斗，人怎么可能没有？墨子说，儒家自称君子，说起来都是尧舜，怎么一做起来就和猪狗相提并论呢？言下之意是说，儒家的子弟大概都与猪狗心有戚戚焉。

巧合的是，孟子则指责墨家的兼爱思想无差别地爱每一个人，这样根本就无法做到，这样就是不爱父母，这就是禽兽，并把墨家学说说成是邪说暴行和异端。在墨子不在的日子中，墨家弟子无法与雄辩的孟子抗衡，导致墨家的形象大受影响。

在逻辑辩论方面，墨子是开山立派的大宗师。在孔子之后、孟子并未走上思想舞台的时代，墨子如武林的风清扬一样寂寞。

墨子辩论并不直接批驳对手的观点论据或论证方式的错误，而是按照对方的逻辑找出一个与对方论点相似的观点，从中推出明显错误的结论，这种方法叫做归谬法，而墨家则把这种方法叫做推类法，这在武功上叫以其人之道还治其人之身。

木匠祖师鲁班为楚国人制造云梯，准备攻打宋国，主张兼爱非攻的和平主义者墨子日夜兼程赶到了楚国，见到了鲁班。他对鲁班说，北方有人侮辱我，请先生帮我杀掉他。鲁班说我是讲仁义的人，从来不杀一个人。墨子说，你造云梯攻打宋国，不知道要杀害多少百姓，你讲仁义不杀一人，实际上却杀更多的人，这叫做不知类。墨子将"义不杀一人"与"不义杀多人"归于一类，从而驳斥了鲁班"义不杀少而杀多"的假仁假义的行为。

墨子利用归谬法和推类法大杀四方，鲜有对手，儒家弟子们纷纷在墨子的雄辩之下败下阵来。

墨子推崇人的强力作用，反对儒家的命定理论，针对命运问题，与儒家弟子公孟子展开了一场辩论。公孟子的观点是，人的贫富贵贱都是命中注定的，人的努力毫无用处，但人还是要学习。这是典型的儒家思想。因为孔子虽然承认死生有命富贵在天，但仍然要"知其不可而为之"。墨子则说，"教人学而执有命，是犹命人包而去其冠焉"，意思是说，你叫人努力，却坚持一切命中注定，这与叫人包住头发同时又把包头发的帽子拿掉一样，都是错误的。公孟子哑口无言。

公孟子又要与墨子辩论鬼神的事情。他的观点是，鬼神是不存在的，但一定要虔诚地祭祀。这同样是孔子的观点，孔子说"祭神如神在"，不管神鬼是否存在，人类需要对逝去的亲人保持虔诚的仪式感。墨子说，坚持无神鬼论，却又要人们去祭祀，这就好比没有客人却去学习待客之道；没有鱼却制作渔网一样可笑。公孟子无话可说。

总之，孔子的徒子徒孙们，在辩术上大多稀松平常，在大宗师墨子面前，简直不堪一击。就这样，墨子用高超的辩论技巧逐一驳斥了儒家学说，终于在儒家的节节败退中提升了墨家的影响力。

出来混总是要还的。墨子的弟子们虽然也潜心研究科技与逻辑辩论，但始终再未出现一个天才的辩论家。他们在儒家亚圣孟子面前可能连菜鸟都算不上。

假如墨子与孟子相遇，开展一场世纪大辩论的话，结果会如何？孟子能战胜大宗师墨子吗？

墨子辩不过孟子。因为从气质上来说，墨子有点儿像项

羽,而孟子则像刘邦。墨子讲规则,孟子讲耍赖。孟子喜欢用气势压倒别人,为了战胜别人,他常常偷换概念进行攻击。如针对墨家的兼爱,孟子说没有把父母君主放到重要位置就是不爱,而这样的人就是禽兽。事实上墨家的兼爱理论,逻辑上天然地包含了忠君爱父的理念,孟子硬是把墨家说成是无君无父的禽兽,很显然有强词夺理无理取闹之嫌。

但历史是不讲道理的,成王败寇才是真理。

从显学到绝学的墨家学派

春秋战国是中华文化历史上人类思想和智能突然爆发的

时期。在这一时期,人类好像加了外挂,一下子涌现出足以影响人类未来走向的哲学家。古希腊的苏格拉底,印度的释迦牟尼等也登上世界哲学的舞台,这称之为人类文化的"轴心时代"。在文化轴心时代,中国产生了老子、孔子、墨子、孟子、庄子等伟大的思想家,他们与西方哲学家一起共同点亮了人类思想的天空。

春秋战国时期旧秩序逐渐崩塌,新秩序正在形成。混乱产生自由,这正是人类思想的辩证法。哲人们开始孕育并著书立说传播他们的思想了。

周朝图书馆馆长老子率先建立了道家学说,他认为人要道法自然清静无为,与世界保持距离,生命才是自由的安全的;曾经放过牛吹过唢呐的孔子,建立了以"仁者爱人"为核心的儒家学派,提倡仁与礼并重,在爱有差等的基础上建立有序的社会;发明大师墨子从儒家中叛逃出来建立了墨家学派,他提倡人要无私地爱每一个人,建立一个平等友爱的由贤人治国的理想国。

老子爱自然,他的爱很冷静;
孔子爱道德,他的爱很现实;
墨子爱天下,他的爱很无私。

战国时期除了兵戎相见,还有诸子百家的互相辩论和诘难。经过数百年的发展之后,道家不温不火,儒家走向衰落,而提倡"兼爱"极端利他主义的墨家,与提倡"拔一毛利天下而不为"极端利己主义的杨朱学派,开始统治中国哲学江湖。儒家孟子曾经满含嫉妒地说,天下不是墨家就是杨朱学派,他们是当时的显学。

历史总是波谲云诡。数千年的沉淀后,儒家成为中华文化的主流,道家则在暗处一直发挥辅助作用。对知识分子来说,儒家是安身立命之本,道家则是在仕途失意时退守的精神家园。而对世界爱得无私深沉的墨家,却在秦汉之后突然消失风光不再。他们人间大爱的伟大情怀、对科学技术与逻辑理性的追求,也同时湮灭在历史的烟尘之中。他们沉默的声音,只是偶尔以游侠和农民起义的形式显示存在。

墨家突然消失有历史的逻辑,也有自身理论的矛盾因素。简单地说,中国宗法制的大一统的社会结构,不允许墨家的存在;墨家自身矛盾性和绝对理想主义,也从内部消蚀自我,这就是墨家从显学到绝学的主要原因。

墨家是黑暗王国中的一缕灯光,是战国混乱人与人厮杀中的一片心香。在春秋战国时期,墨家因其无私大爱与理想主义,是特立独行的存在——正因为如此,墨家无法适应中国宗法制集权社会,最终走向消亡。

墨家思想的核心是"兼爱",墨子反对孔子爱有差等的理论,认为人要毫无保留地平等地爱别人,他认为,恰恰是人与人、国与国之间的"别",是造成天下混乱的根本原因。因此,他主张"视人之国若视其国,视人之家若视其家,视人之身若视其身",要像爱自己父母一样爱别人的父母;要像爱护自己身体一样爱护别人,赤血丹心毫不利己专门

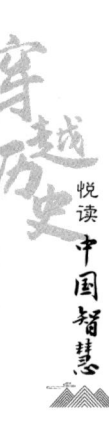

利人，如此人人相爱，才能达到人人互利天下大利的目的。

在此基础上，墨子反对不义战争，反对儒家提倡的一切不利生产发展的理论，如厚葬影响生产和人口增加；礼乐不能产生实际效益。他反对儒家的命定论，认为那样会让人失去奋斗的力量。他们崇尚"强力"，我命在我不在天，用个人的努力掌握命运。

但不是所有的愿望都可以如愿以偿；不是所有的理想都能光芒万丈，墨家最终倒在社会与自我的双重攻击之下。

墨家创始人墨子是一个苦行僧式的人物，他的偶像是三过家门而不入的大禹。墨子"摩顶放踵利天下"，奔走于各国之间制止不义战争换取和平。墨家子弟也大多是具有奉献精神的死士，在天下大利面前宁可牺牲自我，也不追求个人一点儿私利。这需要伟大的理想信念和坚韧不拔的意志做支撑。

事实上，墨家苦行僧式的实践并不符合人性。墨家本身具有宗教团体的性质，但又与宗教的宗旨相抵触。因为，世界上所有的宗教总是教人离苦得乐的。道教追求现世的快乐长生不老最后坐地飞仙；佛教则追求彼岸的来世的快乐。而墨家偏偏以苦为乐，没有几个人能忍受这种自伤自残式的理想主义，墨家的信徒越来越少。

墨家学派陷入了人才荒。墨子去世以后，墨家学派人才资源储备不足，缺少如道家的庄子、儒家的孟子那样中流砥柱的大才。墨家从第二代巨子开始，不是为义殉身，就是默默无闻地搞科学研究逻辑理论,没有出现像孟子那样能把黑说成白、能把死人说活的大师。因此,墨家走向没落是人才缺乏的必然。

墨家理论存在内在的逻辑矛盾。一方面追求"尚同",希望建立统一思想的意识形态和权力结构,另一方面却设计出从下到上的选举制度,希望以贤人治国;一方面强调人的"强力"作用否定天命,另一方面却提倡"天志""明鬼",内在逻辑上存在着巨大的漏洞和矛盾。

给墨家学派以致命打击的人,来自儒家的孟子。孟子希望重振儒家的辉煌,他有"平治天下,舍我其谁"强烈的自信与担当精神。更为重要的是,孟子是勇敢的斗士和雄辩家,他反对当时两大显学墨家和杨朱学派,并对他们展开了猛烈的攻击。他批评墨家学派的"兼爱",无差别地爱天下所有人,事实上就是不爱。在爱的系统中忽略了君与父,而不爱父君,这就是禽兽。孟子把墨家说成邪说暴行和异端,需要一棍子打死。吊诡的是,墨子本人是辩论大师,孟子的辩论技巧都来自墨子,无奈墨子的传人水平不高,被孟子一击即溃。

墨子的"尚同"思想内在地包含着专制主义的因素,他希望帝国建立起高度统一的意识形态体系,一切都要听天子的,天子说是就是,天子说非就非,严重束缚了思想自由,钳制了社会活力。

墨子的"同"与孔子的"同"也有所不同,孔子说"君子和而不同,小人同而不和",强调在保持独立性之下的和,而并非墨子强制性的同。墨子的"尚同"思想，播下的是龙种，收获的却是跳蚤。

一种思想能否壮大取决于社会土壤能否为其提供良好的环境。墨家兼爱尚同的理想主义，注定在中国传统政治文化结构中水土不服。以农业为主导的经济模式，以宗法制为主要形式的社会模式，以中央集权的大一统的政治模式，根本无法接纳墨子的理想主义。

农业经济安土重迁求稳不求变；宗法制讲究血缘亲疏远近；专制主义讲权力的高度统一。而墨家提倡兼爱天下，反对宗法制；提倡选贤与能的选举制，客观上反对中央集权；墨家子弟都崇尚武力行侠仗义除恶助困，甚至喊出了替天行道的口号，客观上严重威胁中央集权统治。

如果说战国时期尚侠之风浓厚，国君对游侠尚能以礼相待的话，秦汉以后的统治者，在韩非子"侠者以武犯禁"思想的指导下，严厉打击游侠，终于让墨家走向消亡。

历史是时间的载体，线性的时间无法流转，历史也无法重复。假如历史可以回头，墨家的平等意识、科学精神能发展下去的话，中国的封建社会将是另外一番模样。但这终究是假设。

墨家的兼爱情怀，平等意识，追求义利统一的人生实践；墨家扶贫济困的侠骨柔肠，摩顶放踵利天下的光辉理想；墨家自苦利他的无私奉献精神，相信努力改变命运的豪情壮志；墨家对科学技术和逻辑理性的孜孜以求，都是中国思想史上最光辉的篇章，可惜过早失去了光芒。

知识链接

竹林七贤

　　指的是三国魏正始年间(240年–249年)，嵇康、阮籍、山涛、向秀、刘伶、王戎及阮咸七人，先有七贤之称。因常在当时的山阳县(今河南辉县一带)竹林之下，喝酒、纵歌、肆意酣畅，世谓七贤，后与地名竹林合称。

第五篇　冷峻的法家

韩非子的人性观

一个哲学学派持有什么样的人生观和政治观，是建立在对人性认识的基础上的。

在儒家学说内部，有两种对人性的认识。孟子对人性持有天真的乐观主义态度。他认为人性善，而且善不是后天养成的，也不是别人给的，是人一生下来就有的。孟子为了防止别人问他，既然人性是纯善的，为何有那么多坏人做坏事？你孟子本人不也是指出春秋无义战吗？孟子用逻辑把人性善的学说严密包装起来。孟子说，人内心天生就有善的种子，你只要好好爱护它，丢掉了要去找到它，像保护自己的身体一样保护善的种子，并能推而广之，那么人就是善人了；相反，要是丢掉了善的种子而不知道去找回来，那人就变恶了，将滑落到禽兽的队伍中去。

孟子最为重视道德修养，在他看来，提升道德修养的过程，就是保护善的种子并使之发扬光大的过程。

因此，在人生观上，孟子主张过一种道德的生活；在国家治理上，孟子主张君主要把人性善中的"恻隐之心"，推而广之运用到老百姓身上，实施仁政最终实现王道理想。

而先秦最后一位儒家大师荀子则认为，人性是恶的。因为人有欲望，而欲望产生纷争，扰乱社会秩序，因此必须用教化纠正人性的恶。教化就是学习，荀子认为学习可以润泽心灵，提升道德境界。因此荀子到处宣传学习的重要性，《荀子》的开篇就是劝人学习。第二是运用礼的力量。因为在儒家看来礼天然地包含了秩序的因素。

因此，荀子主张用秩序来规范人的行为、约束人的欲望，从而让人性逐渐向善的方向发展。因此，在人生观上，荀子主张学习，提升道德境界；在国家治理上，荀子强调礼法兼治，事实上这已经有了法家思想的影子。

孟子和荀子在人性善恶的认识上，虽然态度截然不同，但他们对人性都持有乐观主义态度。孟子是纯粹的乐观主义者，他认为人只要存心养性、保护好内心的善，"人皆可以为尧舜"；而荀子是客观乐观主义者，他认为只要通过学习和礼法的规范，"涂之人可以为禹"。

因此，儒家的治国方略是以仁义道德为本，以礼法制度为辅，实施一种德法兼治的制度。

法家强烈反对人性善的思想。他们认为人性是自私的，人性是恶的。人性恶是法家思想的基石，法家的人生观与政治观，都是建立在对人性恶的认识基础上的。

法家早期代表人物商鞅动物凶猛，他主张用严刑峻法来统治管束人们的欲望，对于犯罪之人，不是拦腰砍断就是五马分尸。但他对用法律改造人性有信心，他认为人性虽然恶，但用刀斧与鞭子可以让人们逐渐变好。

而法家思想的集大成者韩非子，对人性彻底绝望。他认为恶来自人的本能，是从母体里就带出来的，是生理之恶，永远都无法改变，更不要试图去改变。唯一能做的就是，带上斧头和鞭子，用严刑峻法约束人们的恶，不从小恶发展到大恶。

韩非子说，"今天下无一伯夷，而奸人不绝于世"。按照韩非子的理论，人性之恶来自人口越来越多而资源越来越少的矛盾。人口越多，资源就越少，人活着的压力就越大，人性就越坏。也就是说，随着社会的发展，明天的人比今天的人更坏，后天的人比明天的人还要坏。

总之，在韩非子看来，人类从一肚子坏水开始狂奔，到最后恶行累累恶贯满盈永远无法改变。

韩非子甚至悲观地认为，人性的恶最终让法律都无用武之地。他说"虽倍赏累罚而不免于乱"，刑罚是有尽头的，最高的刑罚无非是死刑，不管是拦腰砍断还是拿石头砸死，甚至是千刀万剐，刑法的顶点无非就是死，而奖赏也不可能无限制的加倍。由此看来，刑法在坏透了的人类面前，最终将变得苍白无力。

那么人性之恶到底从何而来呢？韩非子说人有趋利避害保护自己的本能，或许我们可以说这是人类与生俱来的自私基因。

按照韩非子的理论,"苟利国家生死以,岂因祸福避趋之",为了国家利益而献身是不现实的;像墨子那样一心为公毫不利己的人是天真的。绝大多数人为了个人利益都会如苍蝇逐臭飞蛾扑火一般不顾一切。因此,韩非子认为儒家所讲的仁爱、墨家所讲的义是赤裸裸的谎言。

韩非子赤裸裸地讲出了人们不愿意听到的真相。

医生给病人吮吸伤口,嘴里面含着病人的血,并非他大公无私有牺牲精神,他主要是为了多赚钱;

大车店的老板希望人人都升官发财,这不是好心,而是希望多卖车子;

棺材店的老板诅咒别人去死,是想多卖几副棺材;

官员为君主认真工作溜须拍马说好话,不是因为君主高尚,而是想从君主那里得到更多的利益。

总之,在韩非子看来,人间无爱,处处有害;人间没有正义,一切全是算计。

活着的意义就是活着,除此之外毫无意义。

人活在世界上,就要小心谨慎地防止别人算计自己,还要兢兢业业地算计别人。

法家思想的源头

在治理国家的方略上,儒家与法家是完全不同的。

儒家主张用血缘关系来维持统治,上至天子、下至诸侯,权力由国君或诸侯的嫡长子继承,嫡长子这一支为大宗,其余的国君诸公子的那一支皆为小宗。一般来说,大宗嫡长子为君,小宗的贵族为朝中重臣,辅佐君主把持政权。

这种"亲亲尚恩"的制度,建立在血缘关系的亲疏远近上面。理论上说,只要大宗和小宗没有绝种,政权将江山永固。但看似稳定的世袭制度,其实也暗流汹涌。非嫡长子要做国君,旁系血亲的贵族也想掌握政权,于是在春秋时期礼崩乐坏的背景下,发生了许多子弑父、臣弑君的惨剧。

"亲亲尚恩"的世袭制度不利于选拔人才,因为按照这样的制度设计,国家政权将永远把持在一个家族手里。但权力如同流水,不变动的权力就像静止的流水一样,容易产生腐败,所以权力的流动也限制权力的一种方式。

情况很快发生了变化。

法家思想开始在晋、齐、楚等国崛起。法家思想可以总结为一体两翼。体就是法家思想的核心，是国君必须把控一切权力，国君是权力的来源与占有者。所以韩非子说，国君的职能是"明其法禁，必其赏罚"，"操生杀之柄，课群臣之能"，这就是法家思想的两翼：一是制定严密的法律体系，二是明确赏罚的标准。按照法家的制度设计，这意味着旁系贵族的特权将不复存在，王子犯法与庶民同罪；国家对人才的选拔与考核有了明确的标准，有功就奖有过则罚，一切以法律为准绳，一切以实绩为标准。

这样的制度设计，直接挑战了原来周朝礼乐制度中的"亲亲尚恩"的世袭制度，法家思想开始显现曙光。

我们现在都说唯楚有才，楚地盛产人才。但在春秋时期，最盛产的人才的地方是晋国。春秋时期的晋国既是纵横家的家园，又盛产法家思想家。法家鼻祖李悝在魏国为相，编写了《法经》，是法家思想的早期代表人物；吴起为魏国治理军队，四处征战战无不胜，后来又把魏国变法的模式带到了楚国；商鞅则是从魏国逃到秦国开启了变法的征程；早期法家的代表人物申不害是韩国的相国；而法家思想的集大成者韩非子，则是韩国的贵族公子。

法家思想家基本上产生在魏国和韩国，为什么说晋国是法家思想的重要源头呢？

这要从"三家分晋"事件说起。晋文公重耳大半生都在国外流亡，历经千难万险回国做了国君之后，做了一个重要的决定，这个决定后来导致了晋国的分裂与灭亡。

公元前633年，晋文公设六卿管理政权，到晋平公时，韩、赵、魏、智、范氏、中行六卿家族逐渐做大，经过一系列残酷的吞并与厮杀，公元前376年，魏武侯、韩哀侯与赵敬侯瓜分了晋国，在原来晋国的土地上成立了魏国、赵国与韩国，史称"三家分晋"。这既标志着春秋时代的结束，也是战国时代的起点。魏赵韩三国的母体是晋国，因此，我们常常把魏国、韩国和赵国所在的地区，说成是三晋地区。

那么问题来了，为什么晋国盛产法家思想家呢？这同样有一个刀光剑影的故事。

春秋初期晋国发生了一次政治事件，改变了大宗世袭国君的制度，这就是"曲沃代翼"事件。晋文侯的儿子晋昭侯把一个叫曲沃的地方分封给了叔叔成师，因此成师又叫曲沃桓公。经过数十年的发展，桓公一支在曲沃发展壮大，实力强劲，最终曲沃武公灭掉了晋侯，用抢来的金银财宝贿赂周朝天子周僖王，周僖王一高兴，就承认曲沃武公为晋君，叫晋武公。

从旁系灭掉嫡系夺权而来的晋武公，对他的旁系血亲贵族心存戒备，他担心"曲沃代翼"事件在自己身上重演，于是就大开杀戒将旁系贵族诛杀殆尽，解除了公室大族的权力，实现了国君的集权。晋国的旁系公子纷纷流亡国外，很少有人能在晋国做官了。理论上说，晋武公再也不要担心旁系血亲来争夺政权了。而破除了世袭制之后留下的官位空缺，也多从有功之臣之中选拔补位。

"曲沃代翼"事件解决了两个问题，一是权力来源的问题；二是权力分配的问题。废除了"亲亲尚恩"的世袭制度，建立了"尊贤尚功"的用人制度，而这两条恰恰是法家思想的重要组成部分，因此晋国也成为法家思想的重要策源地。

当然，说三晋地区是法家思想的策源地，并不意味着春秋时期的其他国家没有法家思想的萌芽。齐国与楚国也是法家思想的重要源头。

与鲁国不同，齐国受周朝礼乐制度的影响较少，当年齐国开创者太公望就开始推行尊贤尚能的制度。齐桓公更是不拘一格选拔人才，先是不计前嫌提拔了差点儿把自己射死的管仲为相，又从平民百姓之中选拔了东郭牙等重要人才，同时建立了一系列官员述职与考核制度。这种选贤任能与政绩考核制度，是法家思想的重要组成部分。

而偏居南方被称为野蛮人的楚国，受周朝礼乐制度的影响更加微弱。楚国人喜欢开疆拓土，一言不合就四处开战，官员的政绩多以成败论英雄。战争胜利就奖励，失败了就自己去死，自己不去死最后也要被法律杀死。公元前699年，楚国高官屈瑕兵败自杀；楚康王的令尹子兰结党营私被杀；楚文王的儿子革、灵也因犯罪被杀。总之王子犯法与庶民同罪，只要犯法一律弄死，这种有法必依犯法必究的严刑峻法，是法家思想的重要组成部分。

晋国为法家思想提供了母体和适合的土壤，而齐国与楚国分别在用人与法律制度方面提供了两翼。

知识链接

我国古代少数民族的称谓

"四夷"：指"东夷、北狄、西戎、南蛮"

夷：我国古代居住在华夏的统治阶级对东方各异族的蔑称。

狄：我国古代居住在华夏的统治阶级对北方各异族的蔑称。

蛮：我国古代对南部各民族的称呼。

戎：我国古代对西部民族的统称。

胡：我国古代西北部民族的统称。秦汉时多指匈奴。

东胡：先秦时代我国东北部的一个民族，后分为乌桓、鲜卑两族。

匈奴：是中国古代北方游牧民族。无文字。战国末，常扰掠秦、赵、燕北边，三国相继筑长城以拒之。冒顿单于在位（前209～前174）时，统一各部，建立国家，统有大漠南北广大地区。老上单于（约前174～前160）时，匈奴势力东至辽河，西越葱岭，北抵贝加尔湖，南达长城，成为历史上第一个草原游牧帝国。

你有多自律,就有多自由!

每个中国哲学的学派都有自己理想中的圣人。

儒家的圣人标准是"仁且智",他们推崇的是具有崇高的道德和对社会有伟大功绩的人;道家推崇婴儿人格,他们理想中的圣人如婴儿般纯真无邪,如仙人般无情无欲无所待,他们是逍遥自由的神人与至人;而法家的圣人叫"全大体者",他们能把握宇宙人生的根本,一切是非轻重皆以法为标准,他们不会以私欲牵绊自我,法内之事认真对待,法外之事不去触犯,他们是理性而深刻的人。

儒家以仁义道德为准绳;道家奉自然无为圭臬;而法家则以法律规范为标准,人生的祸福荣辱,与仁义道德无关,更与清静无为没有关系,幸福取决于是否合于道法,人生的自由在于你在多大程度上遵守了法律。

儒家的人生是道德化的;道家的人生是审美化的;法家的人生是功利化的。也就是说,法家的人生理论是:自由是有边界的,唯有生活在法律之内才能获得最大的自由——通俗地说,人生若要起舞,那请先戴上镣铐!

人生而向往自由,但法律却限制自由,为何说只有在法律的范围内才能获得更充分的自由?口吃而雄辩的韩非子,将如何在理论上调和人类对自由的冲动与对法律的天然反叛呢?

如同宗教给人们带来彼岸世界的幸福一样,韩非子从功

利主义的角度描绘了以法为范的美好生活的图景。在韩非子看来，循法而行的人生才是最美丽的人生。

韩非子告诉人们，法治可以创造良好的社会环境，人际关系和谐安定，没有以强凌弱没有欺诈背叛，君臣、父子之间在法律的框架内相亲相保，国与国之间不再互相侵犯，人们可以全身可以养生可以保财，老人得以颐养天年幼儿茁壮健康成长。韩非子所描绘的理想生活与儒家的大同世界异曲而同工。所不同的是，儒家用仁爱建设大同世界，而法家则用法律规范来建设理想生活。

韩非子还要解释限制人的自由的法，如何才能为人类带来最大的自由？他说了两条雄辩的理由。

第一，以法为范的人生，是用小苦去换取更大的利益。也就是说，牺牲部分个人的自由与利益，去换取社会安定有序的大利，每个人都会源源不断地从安定的社会中获得自由和幸福，用韩非子的话说就是"犯其所小苦，至极所大利"。

第二，以法为范的人生，是"倒吃甘蔗先苦后甜"。人生就是过日子，前期辛苦劳作换来的是未来的富足，人们只需忍耐暂时的苦痛，就能换来未来更长久的快乐。韩非子还不忘讽刺一下儒家的人生之道，他说"以法为道"是"前苦而长利"；而儒家"仁之为道"如好吃懒做，其后果必然是"偷乐而后穷"。

用小苦换人乐，用暂时的不自由换来未来更大的自由，以法为范的人生，此乐何极？

韩非子展现了他严密的逻辑推理，既然以法为范能带来大利和长久的欢乐，就必须要忍受小苦和暂时的痛苦，那么就意味着，人们必须忍受严刑峻法给人带来的种种痛苦与不自由。

韩非子说，人是欲望动物，如果放纵欲望，社会必然陷入混乱，人生将毫无快乐和自由，从这个意义上来说，以法为范既是人追求美好生活的本能，也是人追求更美好生活更宽泛自由的基本保证。

人生需要舞蹈，因为每个不曾起舞的日子，都是对生命的辜负。但理性的韩非子告诉我们，自由的人生必然是戴着镣铐跳舞的过程，是循法而行的人生。

韩非子还试图引导人们消解对法律的厌恶，树立对法律的敬畏。他说，在一个具有良好法治秩序的"至安之世"，法不再是青面獠牙的怪兽，而是"如朝露"般"淳朴不散"，人们"心无结怨"，不再憎恨法律，而"口无烦言"，心平气和地过循法而行的生活。

人生有多自律，就有多自由！

肠胃决定人生幸福

人生活于社会中，首先要解决的是人的定位与价值的问题，这也是哲学家们孜孜以求的问题。人在宇宙中的地位，人的本质、人与自然的关系、人与人的关系，构成了人生哲

学的基本问题，而人的本质更是人生哲学的关键。解决了这些，人才有安身立命的可能。因此，人性问题这是古今中外人生哲学的核心。

人的本质其实就是人性的问题。中国人生哲学史上，关于人性的理论很多。有儒家的性善论，有道家的性自然论，有性无善无恶论，更有法家的性自私论。但相对说来，中国人生哲学中的人性论无非两条，性善论与性恶论或者说是性自私论。这是儒家与法家的根本区别。

孔子认为"性相近，习相远"。他并没有界定人性的善与恶，但他指出人性是相近的，可以随着外界环境的影响而发生改变，因此他希望用"仁者爱人"与"礼"即秩序来统一人性，最终实现人人向善的目的。

孟子则旗帜鲜明地提出了性善论，并在此基础上提出了统治者要用"恻隐之心"推恩于人而实施"仁政"与"王道"的理想。孟子是中国哲学史上第一个明确提出"性善论"并进行系统论述的哲学家。

孟子认为，人天然地拥有"恻隐之心"等四种心，并与"仁义礼智"等四种美好的道德相对应。孟子指出，人做善事不是受到别人的指令或影响，而是自我内心的要求，所以行善不难，只需要听从内心的声音就可以了。

问题是，孟子的性善论在战国时期显得是那么的虚伪苍白无力，连自己也不大相信，曾经痛心疾首地指出"春秋无义战"，他看到了统治者们"率兽食人"的血淋淋的现实。

战国时期的哲学就是强权政治——大鱼吃小鱼的吞并和阴谋诡计的算计；战国时期的规则就是打破一切规则的潜规则；战国时期的秩序就是没有秩序——大国凭借强力吃掉小国，诸侯凭借阴谋杀掉君主，儿子凭借对权力的欲望杀掉父亲。

如同韩非子一针见血地指出的那样，"上古竞于道德，中世逐于智谋，当今争于气力"。这是一个强权的时代，是一个阴谋和杀戮共存的时代，在刀光剑影里，人性的善又在哪里呢？

先秦儒家的最后一位大师、儒家思想的集大成者荀子，首先开始怀疑人性是否为善的问题。相较于孔子的温情脉脉与孟子的理想主义，荀子是一个冷静的现实主义者，他强烈反对孟子的性善论，并针锋相对地提出了性恶论。

他说人性是恶的，所谓的善都是装出来的伪善。人性之所以是恶，是因为"人莫生而不欲"，人人都有欲望，欲望是人生中恶的根源与根本动力，因为人天然地"目好色，耳好声，口好味，心好利，骨体肤理好愉佚"，欲望让人发生争夺与残杀。因此欲望是人性恶的根源。

虽然荀子反对孟子的性善论，但他与孟子一样，认为人是可以向善的。他说"性也者，吾所不能为也，然可化也"，通过后天的礼义法度与教化，人可以改恶从善。因此，无论是孟子的性善还是荀子的性恶，其实都是人可以向善的理论。

但人真的可以向善吗？坏人真的可以变好吗？法家思想

的集大成者韩非子表示怀疑与绝望。

韩非子口吃严重,但文笔与思想却极为深刻。他集前期法家商鞅、申不害、慎道的法术势思想为一体,成为战国后期最伟大的法家思想家与政治家。

韩非子的法家思想是建立在对社会世相深刻的观察与对人性的深入骨髓的把握上的。他无情地揭开了儒家性善、向善的温情脉脉的假象,深刻地指出人性的本质——人并非通过大脑思考,也并非像孟子那样认为的通过心来思考,人是用肠胃来思考的!也就是说,人是肠胃决定思考的动物,无肠胃则无人生。韩非子说,人的本质是人必须要吃饭,人必须要活着,而活着就要争夺资源,满足肠胃的需要。

民以食为天是千古颠扑不破的真理,韩非子深刻地把握了人性。

韩非子说,人比不上动物,没有毛御寒,上不接天下不着地,只能以中间的肠胃为根本,不吃饭就无法生存。因此人永远无法消除欲利之心。从这个意义上来说,生理本能与欲望是一切欲望的根源。

欲望让世界进步,也让世界倾斜混乱与不平衡,人的欲望会产生邪心,而动乱与灾祸均由邪心而来。因此,一切争夺与厮杀,一切阴谋与算计,都是肠胃决定的。打从娘胎里降生,人就带着天然的恶与自私的基因。

孟子的性善论是对人的自我神圣化,韩非的性自私论是对人的自我矮化。相对而言,孟子的性善论远远比不上韩非子的性自私论那样深刻与现实。因为性恶与自私论更切合实际，也更有实际价值。

肠胃决定大脑，你哄不好肠胃就哄不好你的灵魂。

合纵连横

战国时期，各国力量不断发生变化，为了壮大自己或兼并他国，各国都在寻找自己的盟友，于是在外交和军事方面就产生了合纵连横的斗争。所谓"合纵"，就是几个弱小国家联合起来抵抗一个强大的国家，以防止强国的兼并，这个强国在最初或秦或齐，到了战国后期则专指秦国。所谓"连横"，就是以一个大国为中心，利用各国之间的矛盾，联合一些弱国去进攻另一些弱国，以达到兼并他国的目的，这个大国到了战国后期也主要指秦。张仪是连横政策的倡导者，苏秦则是合纵家的代表人物。当时，各国为了自身的利益，时而加入"合纵"，时而加入"连横"，反复无常。通过一系列合纵连横的过程，齐和秦成了最为强大的两个国家。后来齐国逐渐削弱，秦国一家独大。

韩非子的智慧

中国文化以儒家和道家为主流,中国人的文化性格大多受到这两家哲学的影响。

儒家很乐观,认为人性本善,靠仁义和礼制可以治理人的心灵,进而治理社会。道家则认为人性是自然的,其实没有什么善恶之分,只要顺应自然,"知其不可奈何而安之若命",就是一段美好的人生。法家完全不同,认为人性是由欲望推动的,人首先要满足肠胃的需要,你得先活着,然后要满足生殖冲动的需要,因为人的首要任务是传承基因。既然资源是有限的,而人类的欲望是无限的,自然就会产生争夺继而产生恶。

不管你是否承认,法家思想接触到了人性最深处,只有正确认识到人性之恶,才能在这个充满争斗的世界上,活得安全活得安心。

韩非子本来是韩国的公子,说话口吃不善言谈。可能是这个缘故,韩非子发展了无比强大的逻辑思考和体察社会的能力。他是儒家大师荀子的学生,继承了荀子人性恶的理论,但他又强烈反对儒家以礼治天下的思想。

韩非子认为,要是人人都是坏人,礼制又有什么用呢?所以还是要用严刑峻法来规范人的行为。韩非子希望用鞭子和刀斧,来改造或者说是限制人的心灵,规范人的行为。面对这个尔虞我诈的世界,韩非子选择了冷冰冰毫无人情味甚至是残酷的立场。但是我们今天看来，韩非子的人性论包含了更深刻的道理，认识人性自私，对我们的人生大有裨益。

克制你的小欲望，才能防止由小恶发展到大恶。我们要承认，无论是心灵多么纯洁、道德多么高尚的人，心里面总有些邪恶的想法。看见别人裘马清狂钟鸣鼎食，你恨不得把他们弄死然后占有这种生活，这就是隐藏在我们内心深处的恶。但人是有理性的，用孟子的话说，人和禽兽之间那点儿细微的差别，就在于人会思考。生而为人，我们最伟大的武器是理性，是能够克制恶的欲望的理性。这种理性，在儒家看来是仁义道德；在法家看来，却是斧钺钩叉下的强制。韩非子说人性是恶的，那么人就要学会从恶开始，高度重视自己的心灵，不让放纵的心灵把小恶一步步发展到大恶，这就是防微杜渐的道理。

韩非子给我们讲了一个意味深长的故事。有一次纣王想用象牙做筷子，这个决定吓坏了太师箕子，因为箕子认为纣王如果用象牙做的筷子，那就一定不能再用土制的陶器了，因为它不配套，就一定得用犀牛角或玉做的杯子了，吃的东西也不再是粗茶淡饭，一定要用牛肉大象肉一类的高级食品。吃得高级了，一定要穿得高贵，穿着高贵，一定要住得奢华，所以箕子认为纣王从用象牙筷子开始将一步步踏入骄奢糜烂的深渊，国将不国。果然只过了五年，纣王就被周武王打败，身死国灭。韩非子无非是想告诉我们两个道理，第一，小恶不除将一步步发展成大恶，小恶是大恶的发端。第二，做人应当谨慎谦虚，要注意防微杜渐，不让小恶发展成大恶。

学会审时度势趋利避害，人生才能无往而不利。韩非子说了一个故事，一个鲁国人善做草鞋，他妻子善于织布，他们准备去越国发展。有人告诉他，去越国生意一定会失败，因为越国人光脚走路，披头散发不戴帽子，因此根本无用武之地，用今天的话说，没有任何一点儿市场空间。在韩非子看来，人性如此险恶世界如此复杂，安排好自己的人生就需要我们睁大眼睛，认真地审视世界审视人生。韩非子认为，人应该学会明察社会，准确判断形势，做出对自己最优的方案走最优的路径，所以人要学会选择趋利避害。

巧诈不如拙诚。有时候，我们不妨傻一点儿，而不是让别人看起来灵活敏捷八面玲珑。无论是儒家、道家还是法家，其实都主张人要老实，而不是狡诈。人要隐藏自己，而不是到处张扬自己。在人际关系中，人要站好队，但如何站队如何表达忠心，要遵守度。

韩非子讲了一个吃人肉的故事。魏国大将乐羊子攻打中山国，中山国抓了乐羊子的儿子做成肉汤，送给他喝，乐羊子喝了一大杯儿子的肉做成的汤，以表达对魏文侯的忠诚。魏文侯大受感动，说乐羊子是忠于自己才吃儿子的肉的。但有人告诉魏文侯，乐羊子连儿子的肉都吃得下去，还有谁不可以吃！由此，魏文侯对乐羊子起了疑心。乐羊子付出了吃掉儿子的代价，也没有换来魏文侯的欢心。

别人今天喜欢你，不代表今后喜欢你。弥子瑕长得很帅，而卫灵公恰恰很喜欢帅哥，特别是弥子瑕那样的白马少年。

弥子瑕与卫灵公在果园里散步，把吃了一半的桃子让给卫灵公吃，卫灵公很感动，说弥子瑕真爱我，自己舍不得吃，把一半桃子给我；后来弥子瑕年老色衰，卫灵公不再喜欢他，就说弥子瑕竟然把他吃剩下的桃子给我吃。所以，人生是充满变化的，你喜欢的人不一定喜欢你，喜欢你的人你不一定喜欢，从来没有天荒地老的爱情，更别说是分桃断袖的同性恋了。我们在生活中，千万不可恃宠而骄目中无人，上司喜欢你说明你还有用，当你失去利用价值的时候，你的悲惨生活就要开始了。所以保鲜自己、提升自己，才是人生的成功之道。

贪婪和短视将害死你的人生。古希腊战争中有著名的特洛伊木马的故事，而韩非子也曾经给我们讲了一个中国版的特洛伊木马的故事，或者说是因为短视和贪婪导致灭国的故事。

仇由是晋国的邻国，由于山高路险道路不通，晋国始终无法攻击仇由，于是晋国的智伯想了个办法，铸造了一口巨大的钟，送给仇由国，仇由的国君很开心，要派人修路把钟接回来。大夫赤章曼枝说钟是国之重器，不可随便送人，从来都是小国送给大国的，现在晋国突然要送我们，这肯定有诈，后面说不定跟着军队。但国君不听，执意派人修路迎接大钟，但路修好之后迎来的是晋国的军队，仇由国灭亡。这个故事告诉我们，人不可贪图眼前的小利，否则就会出现因小失大的后果。

帮助别人要雪中送炭，而不是锦上添花。伯乐善于相马，赚了很多钱，于是很多人都来学习相马术，伯乐教给他所讨厌的人是真正的相马术，教他们如何找到千里马；而教给朋友的，却是如何从不好的马中找到好马。按理说，伯乐教给朋友应该是最尖端的技术，但伯乐并没有这么做。伯乐说，千里马不常有，学习了相马术也没有用，而能够从不好的马中找到好马，却是非常实用的方法，朋友每天都可以从中获益。这说明，授人以渔、雪中送炭总比送给朋友虚无缥缈的心灵鸡汤和理想好得多。

后记

　　文溪老师没啥学问，脑子也不是太好使，头发也日渐田园荒芜，常被人说成是"聪明绝顶"。但文溪老师很清醒，知道这是他们"善意的谎言"。陶渊明老师说"田园荒芜胡不归"，我听陶渊明老师的，于是我就归来了，在心态上重新回归老师的身份。老师就要好为人师，这是本分，所以我就想写一本好玩的书，给还在苦读的孩子们阅读。我想，这本书除了想让孩子们快乐地从中汲取知识，还要让孩子们快乐地从中汲取智慧，因为我写的就是中国哲学的智慧。

　　作家往往都有一种虚幻的自信，觉得自己有学问。于是，没有学问的假装有学问；有学问的就把书写得佶屈聱牙，这就是不慈悲。而把书写得通俗易懂，很考验作家的慈悲心，要是把书写得不好看不好玩味同嚼蜡，那不是没水平就是不慈悲。因此，多年来我一直坚持一个理念：用好玩的笔法讲文化；用幽默的态度讲故事；用发散的方式讲知识。总之，读我的书，你会很有一些开心、很有一些愉悦的。

从我的《欲将沉醉换悲凉——北宋词人的命运沉浮》《穿越历史看孔子》《穿越历史趣读孟子》等书看来,我是严格遵循了这个理念的。我把这种理念叫做"大语文",那就是大语文、轻阅读;小文章,大益处。说到底,"大语文"就是选择教科书上没有的,但出题老师喜欢考的内容,用幽默风趣的语言,用当代的表述方式,用孩子们喜欢的桥段或"梗",去还原、阐释语文的应有之意——语文并非你们的语文课,而是人生课;语文的任务,并非仅仅教你知识、写作,而是以文化培养大写的"人"。因此,在宋词那本书中,我写宋朝名臣的家国情怀;在孔子的那本书中,我写孔子"知其不可而为之"的人生态度;在孟子的那本书中,我写孟子的大丈夫人格与平治天下的使命追求。在这本书中,我写中国哲学的成人之道——不能成为圣贤,那就成为君子。我以为,这当是中国哲学为我们带来的人生智慧、人生指南。

有同学说"我爱学习,学习让我妈快乐",但我告诉你,学习中国哲学真的让我感到了快乐。因为有朋友说我的气质好像越来越好了。我知道这是朋友的技术性恭维,但我选择相信。苏东坡老师说"腹有诗书气自华",我很愿意相信这说的就是我。我每年精读几十本书,做几十本读书笔记,写几十万字文章,文字虽然不咸不淡,文章虽然不温不火,但读书真的让我气质好了。感谢丰富了我灵魂的书籍；感谢孔孟、老庄，感谢墨子、韩非子等"诸子百家"里的先哲们，没有他们的思想滋养，我恐怕连"主要看气质"的恭维也得不到。

"学习让我妈快乐"，但你要学点儿中国哲学，不仅你爸妈快乐，你会更快乐。因为中国哲学就是快乐的哲学。孔子说学习是快乐的，交友是快乐的，知识学问经世致用是快乐的。孟子说做个大丈夫是快乐的；老子说清静无为是快乐的；庄子说逍遥无所待是快乐的；墨子说助人为乐是快乐的；韩非子说自律是快乐的；王阳明说"知行合一"是快乐的；顾炎武说使命与担当是快乐的……总之，中国古代哲学家追求快乐，中国哲学追求快乐——生存的快乐和生命的快乐。

古希腊哲人说"哲学就是爱智慧"，那么，我们可以在中国哲学中学到什么呢？

我们可以向儒家学习积极进取的智慧。学习孔子的"知其不可而为之"，为理想而废寝忘食的决绝；学习孟子的"若欲平治天下，舍我其谁"的自信与担当，学习他有所为有所不为的"舍生取义"之道。

道家也可以学吗？它不是消极退缩的吗？纵然道家学说看起来老成有沧桑感，但我们仍然可以从道家以及老子、庄子身上汲取智慧的力量。道家的清静无为如冷却剂，在你焦虑甚至狂躁的时候让你冷静下来。我们可以学老子的辩证法，知道人生成败互相转化祸福相依的道理。当你学习处于低谷，老子告诉你坚持住，终将迎来人生的高光时刻；当你"春风得意马蹄疾"的时候，老子告诉你，不要太张狂，小心乐极生悲，因为事物总是在向它的反面发展。因此，得之不喜失之不忧，你在面临重大抉择时，才可以行稳致远。庄子有点儿消极，我们不能学庄子悲剧的人生观，不能学庄子绝望的避世游世的人生态度，但我们可以学庄子身上的艺术气质——我们要站在高处眺望，生活需要诗与远方，我们可以像庄子一样，用生活的艺术追求艺术的生活。

法家的韩非子也能学？他不是主张用严刑峻法去镇压人民吗？其实，我们可以从韩非子的身上学到严格自律的精神，因为韩非子认为，人有多自律就有多自由。

我们还可以从宋儒身上学到知识分子的担当；从王阳明身上学到"知行合一"的人生精神；从顾炎武身上学到"天下兴亡，匹夫有责"的家国情怀。

佛教也可以学吗？我还小，我绝不能看透红尘，更不能去做和尚、尼姑。文溪老师没有让你去做和尚、尼姑，守着青灯黄卷过暮鼓晨钟的生活，伟大的中国梦还需要你们去实现，但我们可以从佛教中学到放下的精神。人生必然会遇到不开心之事，你总不能萦绕于心无法释怀。适当地放下，用"行到水穷处，坐看云起时"的态度，在"山重水复疑无路"中，继续寻找"柳暗花明又一村"的人生的桃花源。同时，也可以学习佛教的慈悲精神，按照中国禅宗的观点，你慈悲地对待一切之时，你就是佛。总之，中国哲学蕴含着无限宝藏，你无须全部占有，只取一点儿，就会对人生大有裨益。

有一句话很高光——"主要看气质"，气质从哪儿来？不是对镜贴花黄，更不是"娘娘腔"。气质在"腹有诗书"，恰如北宋哲学家张载所说，"读书在自求变化气质"。因此，读中国哲学的"文质彬彬，然后君子"，是不可或缺的选择。

少男少女们，学中国哲学的好处是：有利于考试，还能提升气质。当然考试不是目的，提升气质，做优雅的君子才是终极目标，而中国哲学恰恰就是教我们如何成为君子的学问。学中国哲学，汲取人生智慧，做文质彬彬君子，过优雅生活，这难道不香吗？

文溪
2023 年 4 月
于美成在久斋